EL SUTIL ARTE DE QUE TE IMPORTE UN CARAJ

EL SUTIL ARTE DE QUE TE IMPORTE UN CARAJO

Bestseller mundial

UN ENFOQUE DISRUPTIVO PARA VIVIR UNA BUENA VIDA

MARK MANSON

≝HarperCollins *México*

© 2017 HarperCollins México, S.A. de C.V.

Publicado por HarperCollins México
Insurgentes Sur No. 730, 2º piso.
03100, Ciudad de México.

El sutil arte de que te importe un carajo. Un enfoque disruptivo para vivir una buena vida.
Título original: *The Subtle Art of Not Giving a Fuck. An Alternative Approach to
Happiness and Success.*

Copyright © Mark Manson, 2016.
First published in 2016, by Harper One. An Imprint of Harper Collins Publishers.

Traducción: Anna Roig.
Diseño de interiores y adaptación de forros: Víctor Montalvo.

ISBN: 978-607-8589-17-3

Primera edición: noviembre 2017.

Segunda edición: mayo 2018.

Séptima reimpresión de la segunda edición: julio 2020.

Impreso en México

Impreso en julio de 2020 en los talleres de Litográfica Ingramex, S.A. de C.V.

Índice

1

No lo intentes

Charles Bukowski era un borracho, un donjuán, un jugador empedernido, un patán, un bueno para nada, y en sus peores días, un poeta. Probablemente él sea la última persona en esta Tierra a quien buscarías para solicitar consejos de vida que tampoco esperarías encontrar en algún texto de autoayuda.

Por eso él es la mejor forma de comenzar este libro.

Bukowski quería ser escritor, pero por décadas fue rechazado por casi cada agente literario y cada revista, periódico, diario o casa editorial en donde sometió sus obras. Decían que su trabajo era horrible. Crudo. Asqueroso. Depravado. Conforme las cartas de rechazo se amontonaban, el peso de sus fracasos lo empujó con más profundidad a una depresión auspiciada por el alcohol que lo seguiría la mayor parte de su vida.

Bukowski trabajaba como archivador de cartas en una oficina postal. Le pagaban el sueldo mínimo, y de ello, la mayor parte la gastaba en bebida. Lo que le sobraba lo dilapidaba al apostar en las carreras. Por las noches tomaba solo y algunas veces lograba sacarle un poco de poesía a su destartalada máquina de escribir. A menudo, Bukowski despertaba en el suelo, resultado de haberse embriagado durante la noche anterior hasta perder la conciencia.

Así pasaron tres décadas a lo largo de las cuales la constante fue una nube de alcohol, drogas, apuestas y prostitutas. Entonces, cuando Bukowski tenía 50 años de edad, después de una vida de fracasos y autodestrucción, el editor de una pequeña casa editorial independiente le tomó un extraño interés; no podía ofrecerle mucho dinero o prometerle grandes ventas, pero desarrolló un raro afecto por ese borracho perdedor y decidió darle una oportunidad. Era la primera oportunidad real que Charles había tenido y se daba cuenta de que probablemente sería la única que tendría. Entonces el poeta le contestó al editor: "Tengo dos opciones: quedarme en la oficina postal y volverme loco… o quedarme afuera, jugar a ser escritor y morir de hambre. He decidido morirme de hambre".

Después de firmar el contrato, Bukowski escribió su primera novela en tres semanas. Se tituló simplemente *Cartero*.[1] En la dedicatoria escribió: "No está dedicada a nadie".

Este autor lograría posicionarse como novelista y poeta. A partir de ese momento publicaría seis novelas y cientos

---

[1] La traducción literal es *Oficina de correos*, pero la novela se comercializa en la literatura de habla hispana como *Cartero*.

de poemas; vendería más de dos millones de copias de sus libros. Su popularidad desafiaba las expectativas de todos, pero en especial la suya propia.

Historias como las de Charles Bukowski son el pan de todos los días en la narrativa cultural. La vida de este literato encarna el *sueño americano*: un hombre lucha por lo que quiere, nunca se da por vencido y, eventualmente, alcanza sus sueños. Es prácticamente el guion de una película. Todos conocemos historias como la suya y decimos: "¿Lo ves? ¡Él nunca se rindió. Nunca dejó de intentarlo. Siempre creyó en él mismo. Perseveró aun con todo en contra y logró hacerse de un nombre!"

Resulta extraño, entonces, que en la tumba de Bukowski su epitafio consigne: "No lo intentes".

A pesar de las ventas de sus libros y su fama, Charles era un perdedor. Él lo sabía. Su éxito no derivaba de su determinación de ser un ganador, sino del hecho que él sabía que era un perdedor. Lo aceptó y entonces escribió con honestidad sobre ello, nunca trató de ser algo más de lo que era. La genialidad en su trabajo no radicaba en haber superado todo contra viento y marea ni de convertirse en un brillante literato, fue lo contrario. Fue su simple habilidad de ser completa y cruelmente honesto consigo mismo —en especial, respecto de sus peores facetas— y de compartir sus fracasos sin temor o duda.

Ésta es la historia real del éxito de Charles Bukowski: sentirse cómodo con ser un fracasado. A él le importaba un carajo el éxito. Incluso después de alcanzar la fama, se presentaba completamente intoxicado a sus lecturas de poesía y abusaba en términos verbales de su audiencia; se exhibía en público y trataba de llevar a la cama a cualquier mujer que se dejara. La fama y el éxito no lo hicieron una mejor persona. Tampoco resultó que convertirse en una mejor persona lo hiciera famoso y exitoso.

Por lo general, la autosuperación y el éxito se dan en paralelo, pero no significa que sean equivalentes.

Hoy en día, nuestra cultura se halla obsesivamente orientada a expectativas positivas, pero poco realistas: Sé más feliz. Sé más sano. Sé el mejor, mejor que los demás. Sé más inteligente, más rápido, más rico, más sexy, más popular, más productivo, más envidiado y más admirado. Sé perfecto, maravilloso y defeca lingotes de oro cada mañana antes del desayuno mientras te despides de tu cónyuge modelo y de tus 2.5 hijos. Después, toma tu helicóptero particular que te traslada a tu estupendo y satisfactorio trabajo, donde pasas tus días realizando actividades increíblemente significativas que quizás, algún día, salven al planeta.

Pero cuando te detienes y de verdad lo consideras, los consejos de vida convencionales —toda esa cantaleta positiva y de autoayuda feliz que escuchamos todo el tiempo— en realidad se centran en lo que *careces*, apuntan exactamente a lo que percibes como tus deficiencias personales, tus fracasos, y después los acentúa. Aprendes las mejores maneras de hacer dinero porque *sientes* que aún no tienes suficiente dinero. Te paras frente al espejo y repites afirmaciones como "Soy bonita" o "Soy guapo" *porque no te sientes* lo suficientemente hermosa o bien parecido. Buscas consejos de cómo mejorar las relaciones de pareja *porque no te sientes* suficientemente digno de ser amado. Haces ridículos ejercicios y te visualizas aún más exitoso porque sientes que aún no eres suficientemente exitoso.

De manera irónica, esta fijación con lo positivo —lo que es mejor, lo que es superior— sólo sirve para recordarnos una y otra vez lo que no somos, lo que nos falta, lo que debimos ser pero fracasamos en convertirnos. Al fin y al cabo, una persona de verdad feliz no siente la necesidad de pararse frente a un espejo y recitar hasta el cansancio que es feliz; simplemente lo es.

Hay un dicho en Texas que reza: "El perro más pequeño es el que ladra más fuerte". Un hombre seguro de sí mismo no necesita probar que confía en él mismo. Una mujer rica no siente la necesidad de convencer a nadie de que tiene dinero. O lo eres o no lo eres. Y si sueñas con algo todo el tiempo, entonces refuerzas esa misma realidad inconsciente todo el tiempo: no eres o no estás donde quisieras estar.

Todos, hasta los comerciales en la televisión, quieren hacerte creer que la clave para una buena vida es un trabajo mejor, un coche más vistoso, una novia más guapa o un gran patio con alberca para los niños. El mundo está de manera constante metiéndote en la cabeza que el camino para una vida mejor es más, más y más: compra más, posee más, haz más, ten más sexo, sé más. Te hallas permanentemente bombardeado, todo el tiempo, con mensajes de que todo debe importarte.

Debe importarte poseer una nueva televisión. Debe importarte tener mejores vacaciones que las de tus compañeros de trabajo. Debe importarte comprar esa nueva decoración para tu casa. Debe importarte contar con el modelo correcto de *selfie stick*.

¿Por qué? Mi opinión es que, mientras más cosas te importen, los negocios ganan más.

Si bien es cierto que no hay nada malo en hacer negocios, el problema es que si todo te importa mucho, es malo para tu salud mental. Lo anterior origina que te vuelvas demasiado apegado a lo superficial y a lo falso, que dediques tu vida a perseguir un espejismo de felicidad y satisfacción. La clave para una buena vida no es que te importen muchas cosas; es que importen menos, para que en realidad te importe lo que es verdadero, inmediato y trascendente.

El maldito círculo vicioso del sobreanálisis

Hay una peculiaridad insidiosa de tu cerebro que, si la dejas, puede volverte loco por completo. Dime si esto te suena familiar:

Te pones nervioso respecto de confrontar a alguien en tu vida. Ese nerviosismo te paraliza y empiezas a preguntarte por qué estás tan nervioso. Ahora te está poniendo nervioso el hecho de estar nervioso. ¡Ay no, doblemente nervioso! Ahora estás nervioso sobre tu nerviosismo, lo que te causa más ansiedad. ¡Rápido!, ¿dónde está el tequila?

O digamos que tienes un problema con el manejo de tu ira. Te molestan las cosas más estúpidas, las más insignificantes, y no tienes ni idea de por qué. Y el hecho de enojarte con tan facilidad propicia que te enojes aún más. Entonces, en tu ridículo enojo te das cuenta de que estar molesto todo el tiempo te vuelve una persona superficial y

desagradable. Y lo odias, lo odias tanto que te enojas contigo mismo. Ahora mírate, estás enojado contigo porque te
molesta estar enojado. Maldita pared. Ten, un puño.

O quizás estás tan preocupado por hacer lo correcto
todo el tiempo que te angustia lo mucho que esto te preo-
cupa. O te sientes tan culpable por cada error que cometes
que empiezas a sentirte culpable por sentirte tan culpable.
O puede ser que te sientas triste y solitario tan a menudo
que el solo pensarlo te hace sentir aún más triste y solitario.

Bienvenido al *Maldito círculo vicioso del sobreanálisis*.
Muy probablemente te has encontrado en él varias veces
ya. Quizá te encuentres ahí ahora mismo: "Caray, yo so-
breanalizo todo el tiempo. Hacerlo me convierte en un
perdedor. Debería detenerme. ¡Dios mío, me siento tan perdedor por decirme perdedor! Debería dejar de considerar-
me un perdedor. ¡Diablos, lo estoy haciendo de nuevo! ¿Lo
ven?, ¡soy un perdedor! ¡Argh!"

Calma, hermano. Aunque no lo creas, esto forma parte
de la belleza de ser humano. Para comenzar, muy pocos
animales en la Tierra son capaces de tener pensamientos,
pero los humanos nos damos el lujo de tener pensamientos *acerca* de nuestros propios pensamientos. Por eso puedo pensar en ver videos de Miley Cyrus en Youtube y de
inmediato pensar en lo pervertido que soy por querer ver
videos de Miley Cyrus en Youtube. Ah, ¡el milagro de la
conciencia!

Justo aquí reside el problema: la sociedad de hoy, a través de las maravillas de la cultura del consumismo y del
"oye mira, mi vida es más divertida que la tuya", ha cultiva-

do en las redes sociales una generación entera de gente que cree que sentir esas experiencias negativas —como el miedo, la culpa y la ansiedad— no está bien. Mi punto es que, si le das una vuelta a tu Facebook, al parecer todo el mundo se la pasa en grande. ¡Mira, ocho personas se casaron esta semana! Un chavito en la televisión recibió un Ferrari por su cumpleaños mientras otro chico ya amasó dos mil millones de dólares al inventar una aplicación que te repone automáticamente el rollo de papel de baño cuando éste se termina.

En tanto tú permaneces en casa, limpiándole los dientes a tu gato, y no puedes evitar pensar que tu vida va más en picada de lo que creías.

Este *Maldito círculo vicioso del sobreanálisis* se ha convertido casi en una epidemia; a muchos nos pone más estresados, más neuróticos, y propicia que nos despreciemos más.

En la época de mi abuelo, si se sentía mal consigo mismo pensaba: "Caray, hoy me siento como excremento de vaca… Pero, bueno, supongo que así es la vida. A seguir paleando la paja".

¿Y ahora? Si te sientes mal contigo mismo unos cinco minutos, eres bombardeado con 350 imágenes de personas *totalmente felices*, que viven unas vidas *increíblemente fantásticas* y es imposible no creer que hay algo mal contigo.

Esta última parte es la que nos mete en problemas. Nos sentimos mal por sentirnos mal. Nos sentimos culpables por sentirnos culpables. Nos enoja estar enojados.

Nos pone nerviosos estar nerviosos. *¿En qué estoy equivo-cándome?*

Por esa razón es importante que las cosas te importen un carajo. Y eso es lo que salvará al mundo. Y lo salvará cuando aceptemos que el mundo está totalmente jodido, y está bien, porque siempre ha estado así y siempre será así.

Si no te importa un carajo sentirte mal, el *Maldito círculo vicioso del sobreanálisis* entra en corto circuito; te dices a ti mismo: "Me siento de la fregada, pero me importa un carajo". Y entonces llega el hada madrina de los carajos con su polvo mágico y dejas de odiarte por sentirte mal.

George Orwell dijo que ver lo que tienes frente a tu nariz requiere un esfuerzo constante. Bien, pues la solución a nuestro estrés y nuestra ansiedad se halla justo enfrente de nuestras narices, pero estamos demasiado ocupados viendo pornografía y publicidad sobre máquinas para hacer abdominales que no funcionan y preguntándonos por qué no tenemos una rubia preciosa en la cama esperando acariciar nuestro magnífico y bien marcado torso, como para darnos cuenta.

Nos reímos en las redes sociales de los *#problemasdelprimermundo* pero en realidad sí que nos hemos convertido en víctimas de nuestro propio éxito. Los problemas de salud derivados del estrés, los desórdenes de ansiedad y los casos de depresión se han disparado en los últimos 30 años, a pesar de que ahora toda la gente posee televisiones planas y recibe los productos del súper a la puerta de su casa. Nuestra crisis ya no es material; es existencial, es espiritual. Tenemos tantas porquerías materiales y tantas oportunidades que ya no distinguimos qué debe importarnos ni qué debe valernos un carajo.

Gracias a que existe un número infinito de cosas que podemos ver o conocer, también hay un número infinito de maneras para descubrir que no estamos a la altura, que no somos lo suficientemente buenos, que las cosas no son tan estupendas como podrían serlo. Y esto nos destroza por dentro.

Porque esto es lo que está mal con toda esa basura de "Cómo ser feliz" que han compartido en el Facebook ocho millones de veces en los últimos años. Eso es lo que nadie nota de todo ello:

El deseo de una experiencia más positiva es, en sí misma, una experiencia negativa. Y, paradójicamente, la aceptación de la experiencia negativa es, en sí misma, una experiencia positiva.

Lo anterior resulta un total corto circuito para nuestro cerebro, así que te daré un minuto para deshacer el nudo de *pretzel* en el que se encuentra tu mente y quizá sirva que lo vuelvas a leer: *El desear una experiencia positiva es una experiencia negativa, mientras que el aceptar una experiencia negativa resulta en una experiencia positiva.* Es a lo que el filósofo Alan Watts se refería como "La Ley de la Retrocesión", que presenta la idea de que mientras más persigas el sentirte bien todo el tiempo, más insatisfecho estarás; pues perseguir algo sólo refuerza el hecho de que careces de ello. Mientras más desesperado estés por hacerte rico, más pobre y más indigno te sentirás, independientemente de cuánto dinero poseas en realidad. Mientras más te desesperes por ser sensual y deseado, más feo te encontrarás, independientemente de tu apariencia física actual. Mientras más te desesperes por ser feliz y amado, más solitario y más asustado te encontrarás, sin importar quiénes te rodeen. Mientras más busques la iluminación espiritual, más egocéntrico y superficial te convertirás en tu intento por llegar a ese estado.

Es como la vez que aluciné con lsd: sentía que mientras más caminaba hacia una casa, más lejana se tornaba. Y sí, acabo de usar mis alucinaciones de drogadicto para demostrar un punto filosófico sobre la felicidad. Y me importa un carajo.

Como señalaba el filósofo existencialista Albert Camus (y estoy casi seguro de que él no consumía LSD): "Nunca serás feliz si continúas buscando en qué consiste la felicidad. Nunca vivirás si estás buscando el significado de la vida".

Puesto de una manera más sencilla:

No lo intentes.

Ya sé lo que estás pensando: "Mark, todo esto me parece increíble pero, ¿qué hay del Mustang para el que he estado ahorrando? ¿Qué hay acerca del cuerpo esbelto por el que me mato de hambre? Después de todo, pagué mucho por esa escaladora elíptica. O, ¿qué hay de esa casa con vista al lago que he soñado? Si todo eso deja de importarme, entonces nunca lograré *nada*. No quiero que eso suceda, ¿o si?"

Qué bueno que preguntas.

¿Te has dado cuenta de que a veces, cuando algo deja de importante *tanto*, sale mejor? Fíjate como, en ocasiones, la persona que menos se interesa en el éxito es quien lo logra. ¿Has notado cómo, a veces, cuando empieza a valerte un carajo, todo parece alinearse?

¿Qué sucede en esos casos?

Lo que es interesante sobre la Ley de la Retrocesión —que dicho de otro modo sería como "Ley de la Inversión de las Cosas"—, es que habla de una "reversión": que algo te importe un carajo trabaja al revés. Si perseguir lo positivo es negativo, entonces perseguir lo negativo genera lo positivo. Aquel dolor muscular que persigues en el gimnasio se cristaliza en mejor salud y energía. Los fracasos en los negocios son los que, al final, nos dejan un mejor entendimiento de lo que es necesario para tener éxito. Enfrentar tus inseguridades, paradójicamente, te hace más carismático y más confiado frente a los demás. El dolor que causa una confrontación honesta es lo que origina la mayor confianza y respeto en tus relaciones. Sufrir miedos y ansiedades es lo que te permite construir coraje y perseverancia.

En serio, podría seguir pero sé que comprendes mi punto. *Todo lo que vale en esta vida es ganado a través de superar la experiencia negativa asociada.* Cualquier intento de escapar a lo negativo, de evitarlo, aplastarlo o silenciarlo sólo resulta contraproducente. Evitar el sufrimiento es una forma de sufrimiento. Evitar los problemas es un problema. La negación del fracaso es un fracaso. Esconder lo que causa pena o vergüenza es, en sí misma, una vergüenza.

El dolor es un hilo que forma parte de la tela de la vida e intentar separarlo no sólo es imposible sino destructivo: intentar arrancarlo también deshace todo lo demás. Pretender evitar el dolor es darle demasiada importancia; en contraste, si logras que el dolor te importe un carajo, nada podrá detenerte.

En mi vida ha habido muchas cosas que me han importado mucho. También me han *valido un carajo* muchas otras. Y como el camino que no se recorre, fueron las veces que me valió un carajo las que hicieron toda la diferencia.

Seguro has conocido a alguien en tu vida a quien, en algún momento dado, todo le valió un carajo y logró cosas increíbles. Quizás alguna vez hubo un tiempo en tu vida en el que tampoco te importaba algo y conseguiste algo extraordinario. Para mí, renunciar a mi trabajo en finanzas, a sólo seis semanas de haber iniciado, para emprender un negocio de internet, está en lo más alto del salón de la fama de "las cosas que me valieron un carajo". Lo mismo sucedió cuando decidí vender todas mis posesiones y mudarme a Sudamérica. ¿Me importó? Ni un carajo. Simplemente me decidí y lo hice.

Estos momentos de decisión tan importantes son los que más definen nuestras vidas. Un cambio radical de carrera, la decisión espontánea de salirte de la universidad y unirte a un grupo de rock, la decisión de dejar al patán del novio, al que encontraste modelando tus tangas varias veces...

Que las cosas te importen un carajo es encarar, frente a frente, tus más difíciles y atemorizantes retos y, aun así, actuar.

Ahora bien, que te importe un carajo puede parecer fácil desde afuera, pero en el interior es un paquete nuevo de galletas. Ni siquiera sé lo que esa frase significa, pero me vale un carajo. Un paquete de galletas, sin embargo, suena muy bien, así que dejémoslo así.

Muchos de nosotros sufrimos durante nuestras vidas al darle demasiada importancia a situaciones que no lo merecen. Le damos demasiada importancia al tipo grosero de la gasolinera que nos da el cambio con puras monedas. Le damos demasiada importancia a la serie de televisión que nos gustaba y que cancelaron. Le damos demasiada importancia a nuestros compañeros de trabajo que no tuvieron la atención de preguntarnos cómo pasamos nuestro maravilloso fin de semana.

Mientras tanto, nuestras tarjetas de crédito están rebasadas, nuestro perro nos odia y nuestro hijo consentido se mete cocaína encerrado en el baño; sin embargo, nos siguen molestando las monedas que nos dieron y la serie esa horrible que acaban de estrenar.

Mira, esto funciona así: morirás algún día. Ya sé que es obvio, pero quería recordártelo en caso de que lo hubieras olvidado. Tú y todos los que conoces pronto estarán muertos. Y en el pequeño lapso entre ahora y ese momento hay un número limitado de cosas que deben importarte. Un número bastante limitado. Y si vas por la vida dándole importancia a todo y a todos, sin hacerlo conscientemente o por elección, bueno, acabarás jodido.

Hay un sutil arte de que las cosas te importen un carajo. Y aunque el concepto pueda parecer ridículo y yo suene como un patán, hablo, en esencia, de aprender a concentrarte y priorizar tus pensamientos de manera efectiva: cómo elegir lo que vale para ti y lo que no te importa, con base en tus finamente pulidos valores personales. Esto es en extremo difícil; lograrlo requiere una vida de práctica y disciplina. Y fracasarás varias veces. Pero quizás es el esfuerzo más valioso que uno puede realizar en su vida. Es tal vez el único esfuerzo que posee valor en la vida.

Porque cuando todo te importa demasiado —cuando te importan todas las personas y todas las cosas— siempre te sentirás con derecho a estar cómodo y feliz en cualquier circunstancia; sentirás que todo debe ser exactamente y de la maldita forma en la que *tú* lo quieres. Esto es una enfermedad. Y te comerá vivo. Verás cada adversidad como una injusticia, cada reto como un fracaso, cada inconveniente como una ofensa personal, cada diferencia de opinión como una traición. Quedarás confinado a tu pequeño y ridículo infierno; arderás entre las llamas de tu derecho a ser feliz y de tu fanfarronería; darás vueltas como hámster en tu maldito círculo vicioso del sobreanálisis, siempre en movimiento pero sin llegar a ningún lado.

El sutil arte de que te valga un carajo

Cuando las personas —en su mayoría— aspiran a conseguir que las cosas les importen un carajo, asumen que deben adoptar una especie de serena indiferencia hacia todo, una calma que las ayudará a capotear las tormentas. Anhelan ser alguien que no se agita por nada y no cede ante nadie.

Existe un nombre para esa clase de gente que no encuentra emoción ni significado en nada: sociópata. ¿Por qué querrías emular a un sociópata? No tengo la más remota idea.

Entonces, ¿qué *significa* que te importe un carajo? Revisemos tres sutilezas que ayudarán a clarificar el tema.

Sutileza número uno. Que algo te importe un carajo no significa ser indiferente; significa estar cómodo por ser diferente

Seamos claros: no hay absolutamente nada admirable ni denota confianza en ti mismo el ser indiferente. La gente indiferente es débil y está asustada. Son los típicos que *trolean* en internet y se la viven echados en el sofá. De hecho, la gente indiferente a menudo intenta ser así porque en realidad todo les importa demasiado. Les importa demasiado lo que los demás piensan de su pelo, así que mejor nunca se lo lavan o se lo cepillan. Les importa tanto lo que piensen de sus ideas que mejor se esconden detrás del sarcasmo o de comentarios maliciosos y de falsa superioridad moral. Tienen temor de dejar que los demás se acerquen a ellos, así que se imaginan como seres especiales, copos de nieve únicos con problemas que nadie, jamás, podría comprender.

A las personas indiferentes les da miedo el mundo y las repercusiones de sus propias decisiones. Por eso no toman ninguna decisión importante. Se esconden en un pozo gris y carente de emociones; sienten autocompasión y sólo se concentran en ellos mismos, perpetuamente; se distraen de esta desafortunada cosa llamada *vida* que demanda su tiempo y su energía.

Aquí tenemos una verdad escurridiza sobre la vida. No existe eso de que todo te importe un carajo. *Algo debe importarte.* Es parte de nuestra naturaleza el que algo nos mueva y, por lo tanto, nos importe.

La pregunta entonces es: ¿*qué* debe importarme? ¿Qué *decidimos* que nos importe? ¿Y cómo puede valernos un carajo lo que, ultimadamente, no importa?

Hace poco, mi madre fue víctima de un fraude por un amigo cercano suyo. Si yo hubiera sido indiferente, me habría alzado de hombros mientras daba un sorbo a mi *frappuccino* y seguía descargando la última temporada de *Game of Thrones*. "Lo siento, ma."

Por el contrario, estaba indignado. Muy indignado. Le dije: "No, mamá, a la fregada, busquemos un abogado que acabe con este desgraciado". ¿Por qué? Porque esto sí me importa. "Le arruinaré la vida a ese tipo si es necesario".

Lo anterior ilustra la sutileza de que algo te importe un carajo. Cuando decimos: "¡Oh, fantástico!, a Mark Manson no le importa un carajo", no significa que a él no le importe *nada*. Por el contrario, queremos decir que no le importa *todo*; si bien a Mark Manson le importa la adversidad cuando se trata de luchar por sus metas, es cierto que no le importa que ciertas personas se molesten cuando él hace algo que le parece correcto, importante o noble. Significa que Mark Manson es el tipo de hombre que escribiría sobre sí mismo en tercera persona simplemente porque supone que es lo que debe hacer. A él sólo no le importa un carajo.

Esto es lo que resulta admirable. No, no me refiero a mí, tonto; hablo de superar la adversidad, del valor de ser diferente, un marginado, un paria, y todo por defender los propios valores. La disposición de encontrarse frente a frente con el fracaso y mostrarle el dedo medio. Hablo de las personas a las que no les importa un carajo la adversidad o el fracaso o hacer el ridículo o ensuciar la cama a veces, esa es la gente que sonríe y sigue trabajando por lo que cree. Porque ellos saben que están en lo correcto, saben que es más importante que ellos mismos, más importante que sus propios sentimientos, sus propios orgullos y egos. Ellos no dicen "Me vale un carajo" a todo en la vida, sólo a lo que no es importante. Reservan la importancia para lo que de verdad posee valor. Amigos. Familia. Propósitos. Tacos. Y una que otra demanda. Por eso, porque reservan el valor para las cosas grandes en su vida y las que importan, ellos también les importan a los demás.

Aquí radica otra de esas verdades escurridizas de la vida. No puedes ser una persona importante —de esas que cambian la vida de los demás— sin ser, al mismo tiempo, una burla y una vergüenza para otras. Simplemente no se puede. Porque tampoco existe la "falta de adversidad". No, no existe. Un viejo proverbio pregona: "No importa a dónde vayas, ya estás ahí". Lo mismo aplica para la adversidad y el fracaso. No importa a dónde vayas, siempre habrá una montaña de 500 kilos de excremento esperándote. Y está bien. El punto no es alejarse del excremento. El punto es encontrar el tipo de excremento con el que disfrutes lidiar.

Sutileza número dos. Para que te importe un carajo la adversidad, primero debe importarte algo más importante que la adversidad

Imagina que estás en el supermercado y de pronto una mujer de edad avanzada que se halla en la fila para pagar comienza a gritarle al cajero por no aceptar su cupón de 50 centavos. ¿Por qué le importa tanto a esta mujer? Sólo son 50 centavos.

Te diré por qué: Probablemente esta mujer no tiene nada mejor qué hacer con sus días que sentarse en su casa y recortar cupones. Es vieja y está sola. Sus hijos son unos desagradecidos que nunca la visitan. No ha tenido relaciones sexuales en más de 30 años. No puede expulsar un gas sin que le duela la espalda. Su pensión le alcanza para lo mínimo y quizá morirá con un pañal puesto pensando que está en una inmensa tienda de dulces.

Así que se dedica a recortar cupones. Es todo lo que tiene: sólo ella y sus malditos cupones. Es todo lo que le importa porque *no hay* nada más a qué darle importancia. Así que cuando el cajero adolescente, lleno de barros en la cara, se resiste a aceptar el cupón, cuando defiende su caja registradora con la misma fiereza que los caballeros medievales defendían la pureza de su doncella, puedes imaginar que la abuelita explotará. Ochenta y tantos años de darle importancia a todo caerán como lluvia sobre quienes la rodean, en una granizada de fuego de historias como "Cuando yo era joven" y "Antes, los jovencitos eran más respetuosos".

El problema de la gente que anda por la vida dándole importancia a todo y a todos es que llega un punto en que se comieron toda la bolsa de palomitas y no les queda nada realmente valioso a qué darle importancia.

Si te encuentras constantemente dándole importancia a todas las trivialidades que te molestan —la nueva foto de tu ex en Facebook; qué tan rápido se agotan las pilas del control remoto de tu televisión; que te perdiste por una maldita vez más el 2 × 1 del gel limpiador de manos— existe la gran probabilidad de que en tu vida no esté sucediendo nada que merezca darle importancia. Ese es tu verdadero problema. No el gel de manos, ni el control remoto.

Alguna ocasión escuché a un artista decir que cuando una persona no tiene problemas, en automático la mente encuentra una forma de inventar alguno. Me parece que mucha gente —en especial la mimada, de clase media y educada— considera que los "problemas de la vida" son simples efectos colaterales de no tener algo más importante de qué preocuparse.

Entonces sucede que hallar algo importante y significativo en tu vida es quizás el uso más productivo de tu tiempo y tu energía. Porque si no hallas ese algo que te sea significativo y valioso, siempre terminarás dándole importancia a las causas frívolas y sin sentido.

Sutileza número tres. *Te des cuenta o no, siempre estás eligiendo qué es importante para ti*
La gente no nace con la habilidad de que las cosas le importen un carajo. De hecho, nacemos dándole importancia a demasiadas cosas. ¿Alguna vez has visto a un niño hacer berrinche porque su gorrito no es el del tono preciso de azul que él deseaba? Exactamente. A la fregada el escuincle.

Cuando somos jóvenes, todo es nuevo y emocionante, y todo parece importar mucho. Nos importan todo y todos: lo que la gente dice de nosotros, si ese chico o esa chica nos llamará, si nuestros calcetines combinan o de qué color es nuestro globo de cumpleaños.

Conforme nos hacemos mayores, con el beneficio de la experiencia (y habiendo visto tanto tiempo pasar), empezamos a darnos cuenta de que la mayoría de estas cosas tiene un impacto mínimo y pasajero en nuestras vidas. Aquellos cuya opinión nos importaba tanto, ya no están presentes en nuestra vida, y los rechazos que resultaron dolorosos en su momento, en realidad fueron lo mejor que nos sucedió. Comprendemos la poca atención que la gente le da a los detalles superficiales sobre nosotros e incluso nosotros mismos decidimos no obsesionarnos demasiado con ellos.

En esencia, nos volvemos más selectivos sobre las cosas que nos importan. Esto es algo llamado madurez. Es interesante, deberías probarla alguna vez. La *madurez* es lo que ocurre cuando uno aprende a darle valor a lo que en realidad importa. Como le dijo Bunk Moreland a su compañero el detective McNulty, en la serie *Los vigilantes*:[2] "Eso es lo que ganas por darle importancia a algo cuando era tu turno de que te valiera un carajo".

Asimismo, al entrar a los treintas y cuarentas, algo más empieza a cambiar. Nuestro nivel de energía decae. Nuestra identidad se consolida. Sabemos quiénes somos y nos aceptamos, incluyendo las partes que no nos encantan.

Y de una forma extraña esto es liberador. Ya no necesitamos que todo nos importe. La vida es lo que es; la aceptamos, con todo y verrugas. Nos damos cuenta de que jamás curaremos el cáncer ni pisaremos la Luna, ni tocaremos las bubis de Jennifer Aniston. Y está bien, la vida sigue. Ahora reservamos nuestra capacidad de darle importancia a lo que en verdad merece ese valor: nuestras familias, nuestros mejores amigos, nuestra patada estrella en el futbol. Para nuestro asombro, *esto es suficiente*. En realidad esta simplificación nos hace estúpidamente felices, de manera consistente. Así que comencemos a pensar: "Quizás este loco alcohólico de Bukowski tenía razón". *No lo intentes.*

Entonces, Mark, ¿cuál es el maldito punto de este libro?

Este libro te ayudará a pensar con más claridad sobre lo que eliges que sea importante en tu vida y lo que decides que no lo sea.

---

[2] *The Wire*, HBO (2002-2008). Seleccionada como la mejor serie de televisión de la historia por la revista *Time*, el *New York Times*, *The Guardian*, *Entertainment Weekly* y muchos más.

En mi opinión, creo que hoy enfrentamos una epidemia psicológica, la gente ya no se da cuenta de que es normal que las cosas, a veces, estén mal. Sé que suena intelectualmente ocioso de primera instancia, pero te lo prometo, es una cuestión de vida o muerte.

Cuando creemos que no está bien que las cosas vayan mal, empezamos a culparnos a nosotros mismos de manera inconsciente. Sentimos que algo está inherentemente mal con nosotros, lo que nos lleva a sobrecompensar de muchas formas, como comprar 40 pares de zapatos, tomarnos el Prozac con vodka un martes por la noche o asaltar a mano armada un autobús escolar repleto de niños.

En ocasiones, esta creencia de que está mal ser inadecuado es el origen del infernal círculo vicioso que cada vez domina más nuestra cultura. La propuesta de que las cosas te importen un carajo es una forma sencilla de reorientar nuestras expectativas de vida y elegir lo que es importante sobre lo que no lo es. Desarrollar esta habilidad conduce a algo que me gusta llamar *iluminación práctica*.

No, no me refiero a esas porquerías de iluminación estilo *hada mágica* y *pare de sufrir*. Por el contrario, entiendo a la iluminación práctica como una manera de aceptar, con serenidad, la idea de que cierto sufrimiento es inevitable; que no importa lo que hagas, la vida incluye fracasos, pérdidas, arrepentimientos e incluso muerte. Cuando finalmente te sientes cómodo con toda la suciedad que la vida te lanzará (y te arrojará mucha suciedad, créeme), entonces te vuelves invencible en una forma espiritual. Después de todo, la única manera de superar el dolor es aprendiendo a soportarlo primero.

A este libro le vale un carajo aliviar tus problemas o tu dolor. Y es precisamente por ello que sabrás que está siendo honesto. Este libro no es ninguna guía hacia la grandeza; no podría, porque la grandeza es meramente una ilusión en nuestras mentes, un destino inventado que nos obligamos a perseguir, nuestra propia Atlántida psicológica.

En lugar de eso, este libro convertirá tu dolor en una herramienta, tu trauma en poder y tus problemas en problemas un poco mejores. Eso es progreso verdadero. Piensa en él como una guía sobre el sufrimiento y cómo hacerlo mejor y más significativo, con más compasión y humildad. Es un libro acerca de cómo moverse con ligereza aun bajo el peso de tus preocupaciones, de enfrentar con calma tus más grandes miedos, de reírte de tus lágrimas mientras lloras.

Este libro no te enseñará cómo ganar o lograr algo sino, más bien, cómo perder algo y dejarlo ir. Te enseñará a hacer un inventario de tu vida y borrar todo, salvo lo que más importa. Te enseñará a cerrar los ojos y confiar en que puedes caer de espaldas y aun así estar bien. Te enseñará a que muchas cosas te importen un carajo. Te enseñará a no intentarlo.

CAPÍTULO

La felicidad es un problema

Hace unos 2 500 años, en las colinas del Himalaya, donde hoy se encuentra Nepal, vivió en un gran palacio un rey cuyo hijo estaba por nacer. Cuando llegara al mundo, el monarca había decidido hacerle la vida perfecta. El niño jamás conocería un momento de sufrimiento; cada necesidad, cada deseo siempre sería satisfecho.

El rey mandó erigir altos muros alrededor del palacio para evitar que el príncipe jamás conociera el mundo exterior. Al pequeño lo malcriaron; le prodigaron comida y regalos, lo rodearon de sirvientes que cumplían hasta el más mínimo de sus caprichos. Y justo como estaba planeado, el chico creció ignorando las crueldades propias de la existencia humana.

Así transcurrió la infancia del príncipe. Sin embargo, a pesar de del interminable lujo y la opulencia, el heredero se convirtió en un joven más bien frustrado. Pronto cualquier experiencia comenzó a parecerle vacía y sin valor. El problema era que, sin importar cuánta riqueza le diera su padre, nunca sería suficiente, nunca significaba algo para él.

Una noche, el príncipe se escabulló del palacio para ver qué había más allá de sus muros. Le ordenó a un sirviente que lo llevara a la villa cercana, y lo que vio ahí, lo horrorizó.

Por primera vez en su vida notó el sufrimiento humano. Miró gente enferma, gente vieja, gente sin hogar, gente con dolor, incluso gente en agonía.

El príncipe regresó al palacio y experimentó una crisis existencial. Sin saber cómo procesar lo que había vivenciado, se tornó insoportable y se quejaba de todo. Y como es típico en los jóvenes, terminó por culpar a su padre de las mismas cosas que éste había tratado de hacer por él. Toda esa vida de riqueza —pensaba el príncipe—, lo había hecho tan miserable, le robó el sentido a su vida. Decidió huir.

Pero él se parecía a su padre más de lo que creía. Él también tenía grandes ideas: no sólo huiría, sino que renunciaría a la nobleza, a su familia y a todas sus posesiones; viviría en las calles, dormiría en la tierra como un animal. En esa nueva vida, se mataría de hambre, se torturaría y mendigaría migajas de comida a los extraños por el resto de su existencia.

La siguiente noche, el príncipe volvió a escabullirse del palacio, esta vez para no volver. Durante años vivió con un mendigo, una escoria de la sociedad, marginado y olvidado; un excremento de perro embarrada en fondo del tótem social. Y tal como lo había planeado, sufrió enormidades. Padeció enfermedad, hambre, dolor, soledad y decadencia. Encaró incluso a la misma muerte, a menudo limitado a comer sólo una nuez al día.

Así transcurrieron algunos años. Luego otros más y después... no sucedió nada. El príncipe empezó a darse cuenta de que su vida de sufrimiento no era tan buena como había imaginado. No le aportaba la introspección que deseaba, ni le revelaba algún profundo misterio del mundo ni su propósito último.

De hecho, él sólo pudo descubrir lo que el resto de nosotros ha sabido desde siempre: que el sufrimiento es terrible. Y que no necesariamente es significativo. Como le sucedió en su época de riqueza, el príncipe tampoco encontró el valor del sufrimiento cuando sufrir no tiene un propósito. Tristemente, llegó a la conclusión de que su gran idea, al igual que la de su padre, había sido muy mala y que quizá debería emprender algo distinto.

Confundido por completo, el heredero del rey decidió ir a sentarse a la sombra de un gran árbol, a las orillas de un río. Su nuevo plan consistía en permanecer ahí hasta que se le ocurriera otra gran idea. Según la leyenda, nuestro desconcertado personaje se quedó sentado por 49 días. No nos detendremos a reflexionar en la posibilidad biológica de durar 49 días sentado en el mismo lugar, pero digamos que en ese lapso el príncipe discernió varios asuntos con profundidad.

Uno de esos discernimientos fue el siguiente: la vida misma es una forma de sufrimiento. Los ricos sufren de-

bido a sus riquezas. Los pobres, por su pobreza. La gente
que no tiene una familia sufre por no tener una familia. La
gente que tiene una familia, sufre por su familia. Las personas que buscan los placeres mundanos sufren por esos
mismos placeres mundanos. La gente que se abstiene de
esos placeres mundanos sufre por esa misma abstención.

Lo anterior no significa que todo el sufrimiento sea
igual. Algunos sufrimientos son definitivamente más dolorosos que otros. Sin embargo, todos sufrimos.

Años después, el príncipe desarrollaría su propia filosofía y la compartiría con el mundo, y este sería su principio
central: el dolor y la pérdida son inevitables y deberíamos
dejar de resistirnos a ellos. Más tarde, aquel joven sería conocido como Buda. En caso de que no hayas escuchado
hablar sobre él, fue alguien muy importante.

Existe una premisa que subyace en muchas de nuestras
suposiciones y creencias. Ésta sugiere que la felicidad es al-
gorítmica, que se puede trabajar, ganar y lograr como si se
tratara de ser aceptados en la facultad de derecho o como si
construyéramos un juego de Legos muy complicado.

Si logro X, entonces seré feliz. Si luzco como Y, entonces
seré feliz. Si puedo ser una persona como Z, entonces seré
feliz.

Sin embargo, la premisa *es el problema*. La felicidad no
es una ecuación con una solución. La insatisfacción y el
malestar son partes inherentes de la naturaleza humana y,
como veremos, componentes necesarios para crear una felicidad estable. Buda lo debatió desde una perspectiva teo-
lógica y filosófica. Yo presentaré el mismo argumento en

este capítulo, pero lo haré desde una perspectiva biológica y con osos panda.

Las desventuras del panda de la decepción

Si pudiera inventar un superhéroe, crearía uno que se llamara el Panda de la Decepción. Llevaría una cursi máscara sobre los ojos y una camiseta (con una T mayúscula gigante) que le quedaría pequeña para su gran barriga; su superpoder consistiría en decirles a las personas duras verdades sobre sí mismas, de las que necesitan escuchar pero no quieren aceptar.

Este panda iría de casa en casa como un vendedor de Biblias, tocaría timbres y externaría frases como: "Claro, ganar mucho dinero te hace sentir bien, pero eso no hará que tus hijos te quieran", o "Si te tienes que preguntar si confías en tu esposa, entonces probablemente no confías en ella", o "Lo que tú consideras 'amistad' son en realidad tus constantes intentos de impresionar a la gente". Entonces le desearía al dueño de la casa un buen día y se dirigiría muy campante al siguiente domicilio.

Sería increíble. Y enfermizo. Y triste. Y edificante. Y necesario. Después de todo, las más grandes verdades de la vida son las que nos desagrada escuchar.

El Panda de la Decepción sería un héroe que ninguno de nosotros querría pero que todos necesitamos. Él sería como las aclamadas verduras para nuestra dieta mental de comida chatarra. Haría mejores nuestras vidas a pesar de hacernos sentir peor. Nos haría más fuertes al destrozarnos, iluminaría nuestro futuro al mostrarnos la oscuridad.

Escucharlo sería como ver una película en la que el héroe muere al final: te encanta a pesar de hacerte sentir horrible, porque te parece más real.

Así que mientras estamos aquí, permíteme ponerme la máscara del Panda de la Decepción y dejar caer otra desagradable verdad:

Sufrimos por la simple razón de que el sufrimiento es biológicamente útil. Es el agente preferido de la naturaleza para inspirar el cambio. Hemos evolucionado para vivir siempre con cierto nivel de insatisfacción e inseguridad, porque la criatura que está medianamente insatisfecha y que es insegura, es la que hará el trabajo más innovador y sobrevivirá. Estamos predispuestos a desarrollar una insatisfacción con lo que tenemos y a sentirnos satisfechos sólo con lo que no poseemos. Esta constante insatisfacción ha mantenido a la especie luchando y evolucionando, construyendo y conquistando. Así que no, nuestro propio dolor y nuestra miseria no son un error de la evolución humana; son un rasgo.

El dolor, en todas sus formas, es el modo más efectivo de nuestro cuerpo para estimular a la acción. Piensa en algo tan simple como golpearte el dedo gordo del pie. Si eres como yo, entonces cuando te pegas en ese apéndice dices tantas groserías que si te escuchara el papa Francisco lo harías llorar. Seguramente también culpas de tu sufrimiento a algún pobre objeto inanimado. "¡Mesa estúpida!", expresas. O quizás irás más lejos y cuestionarás tu propia filosofía en cuanto a diseño de interiores, basándote en tu pie palpitante de dolor: "¿Qué clase de idiota pone una mesa ahí?" ¡En serio!

Lamento disentir, ese terrible dolor inducido por el golpe a tu dedo, aquel que tú, yo y el mismo papa odiamos tanto, existe por una razón importante. El dolor físico es un mecanismo de retroalimentación de nuestro sistema nervioso con el cual nos es posible percibir nuestras proporciones físicas: dónde podemos y no podemos movernos, lo que podemos tocar y lo que no. Cuando excedemos esos límites, nuestro sistema nervioso nos castiga puntualmente para asegurarse de que prestemos atención y no los sobrepasemos de nuevo.

Este dolor, aunque lo odiemos, es *útil*. Es lo que nos enseña a estar alertas cuando somos jóvenes y descuidados. Ayuda a mostrarnos lo que es bueno versus lo que es malo para nosotros. Nos ayuda a comprender y mantenernos dentro de nuestras propias limitaciones. Nos enseña a no merodear cerca de estufas calientes y a no introducir objetos afilados de metal en los tomacorrientes. Por consiguiente, no siempre es benéfico evitar el dolor y buscar el placer, ya que, a veces, el dolor puede ser de vital importancia para nuestro bienestar.

Pero el dolor no es meramente físico. Como cualquiera que haya tenido que soportar la primera precuela de *Star Wars* te puede decir, los humanos también somos capaces de experimentar un agudo dolor psicológico. De hecho, ciertas investigaciones han descubierto que nuestra mente no registra mucha diferencia entre el dolor físico y el psicológico. Así que cuando te cuento que el dolor que me causó el engaño de mi primera novia lo sentí como si me insertaran un picahielos en el centro del corazón es porque, bueno, me dolía tanto que podría haber sido que en verdad me estuvieran perforando lentamente el órgano cardiaco con ese utensilio.

Tal como el dolor físico, nuestro dolor psicológico es un indicador de que algo está fuera de equilibro, algún límite ha sido sobrepasado. De la misma manera, al igual que el dolor físico, nuestro dolor psicológico o emocional no es necesariamente malo o, incluso, indeseable. En algunos casos, experimentarlo puede resultar benéfico. Así como pegarte en el dedo gordo del pie te enseña a no estrellarte contra las mesas, el dolor emocional, el rechazo o el fracaso nos enseñan cómo evitar cometer los mismos errores en el futuro.

Lo peligroso de una sociedad que se sobreprotege más y más contra las incomodidades inevitables de la vida es que perdemos los beneficios de experimentar dosis sanas de dolor, una pérdida que nos desconecta de la realidad del mundo que nos rodea.

Quizás estés salivando con la idea de una vida libre de problemas, de felicidad infinita y de compasión eterna, pero aquí en la Tierra los problemas nunca terminan. En serio, nunca. El Panda de la Decepción acaba de pasar por aquí. Tomamos unas margaritas y me lo contó todo: "Los problemas nunca se van, sólo mejoran", dijo. Warren Buffet tiene problemas de dinero, el mendigo alcoholizado que se halla afuera del 7-Eleven tiene problemas de dinero. La diferencia es que Buffet posee *mejores* problemas de dinero que el indigente. Todo en la vida es así.

"La vida es, en esencia, una serie interminable de problemas, Mark", comentó el panda. Le dio un trago a su coctel y acomodó el pequeño paraguas rosa en la copa. "La solución de un problema es meramente la creación del siguiente."

Pasaron unos minutos y me pregunté de dónde carajos vino el panda que habla... y ya que estamos en esas, ¿quién hizo estas margaritas?

"No esperes una vida sin problemas. No existe tal cosa. En vez de eso, espera una existencia llena de buenos problemas", me aconsejó.

Después dejó su copa en la mesa, se inclinó el sombrero y se retiró con desenfado al atardecer.

La felicidad se consigue al resolver problemas

Los problemas son una constante en la vida. Cuando resuelves tu problema de salud al comprar la membresía de un gimnasio, creas nuevos problemas como tener que levantarte temprano para ir a ejercitarte, sudar como drogadicto en rehabilitación durante 30 minutos en la escaladora elíptica y luego ducharte para no dejar malos olores en la oficina. Cuando resuelves el problema de no pasar suficiente tiempo con tu pareja y se te ocurren los "Miércoles de cita", generas nuevos problemas como pensar qué hacer (que ninguno de los dos odie) cada miércoles, asegurarte de contar con suficiente dinero para cenar en lugares bonitos, redescubrir la química y la chispa que ambos sienten que han perdido y resolver la logística de hacer el amor en una pequeña tina con demasiadas burbujas.

Los problemas nunca terminan, simplemente se intercambian o se mejoran.

La felicidad se consigue al resolver problemas. La palabra clave aquí es *resolver*. Si estás evadiendo tus problemas o sientes que no tienes ninguno, entonces te harás tú mismo miserable. Si sientes que enfrentas problemas que no puedes resolver, igualmente serás miserable. La salsa secreta consiste en *resolver* los problemas, no en "no tener problemas desde un principio".

Para ser felices necesitamos resolver algo. Entonces, la felicidad es una forma de acción; es una actividad, no algo que te es pasivamente otorgado, que descubres mágicamente en un artículo de 10 puntos del *Huffington Post* o de algún gurú o maestro en particular. La felicidad no aparece mágicamente cuando por fin estás ganando suficiente dinero para añadir una habitación extra a tu casa. No la encuentras esperándote en algún lugar, idea o trabajo… y por supuesto, no en un libro, para el caso.

La felicidad es un constante *proceso en desarrollo*, porque resolver problemas es un permanente *proceso en desarrollo*: las soluciones a los problemas de hoy sentarán las bases de los problemas de mañana y así en adelante. La verdadera felicidad sólo ocurre cuando encuentras los problemas que disfrutas tener y resolver.

A veces esos problemas son simples: comer buena comida, viajar a un lugar nuevo, ganar en el videojuego que recién compraste, etcétera. Otras ocasiones, esos problemas son abstractos y complicados: arreglar la relación con tu madre, encontrar una carrera en la que te sientas a gusto, desarrollar mejores amistades.

Cualesquiera que sean tus problemas, el concepto es el mismo: resuelve problemas, sé feliz. Por desgracia, muchas personas no perciben la vida así de simple porque echan a perder las cosas en al menos una de estas dos maneras:

1. *Negación*. Para empezar, algunas personas niegan que sus problemas existen. Y dado que niegan la realidad, deben estar eludiéndose de manera constante o distrayéndose de la realidad. Esto los hace sentir bien en el corto plazo, pero conduce a una vida de inseguridad, neurosis y represión emocional.

2. *Mentalidad de víctima*. Otros optan por creer que no hay nada que puedan hacer para resolver sus problemas, aun cuando, de hecho, podrían hacerlo. Las víctimas buscan culpar a otros de sus problemas o culpar a las circunstancias externas. Esto los podrá hacer sentir bien en el corto plazo, pero conduce a una vida de ira, desamparo y desesperación.

Las personas niegan y culpan a otros de sus problemas por la simple razón de que es fácil y se siente bien, mientras que resolver los problemas es difícil y a veces se siente mal. Esas formas de culpa y negación nos proporcionan una sensación de bienestar inmediato y efímero; son un modo de escapar temporalmente de nuestros problemas y ese escape puede proporcionarnos una sensación de emoción que nos hace sentir mejor.

Este bienestar efímero se presenta de varias maneras. Ya sea una sustancia como el alcohol, esa falsa superioridad moral que surge de culpar a los demás o la emoción de una nueva aventura riesgosa; todas esas sensaciones son superficiales y son modos improductivos de ir por la vida. Mucho del mundo de la autoayuda se predica desde estas falacias, en vez de ayudar a las personas a resolver problemas legítimos. Muchos gurús de la autoayuda te enseñan nuevas formas de negación y te saturan de ejercicios que te hacen sentir bien en el corto plazo, pero ignoran las causas subyacentes. Recuerda: nadie que es en verdad feliz se tiene que parar frente al espejo y repetirse que es feliz.

Estas mismas sensaciones de bienestar inmediato generan adicción. Mientras más dependas de ellas para sentirte bien respecto de tus problemas latentes, más las buscarás. En ese sentido, casi todo puede volverse adictivo, según la motivación que origine tal comportamiento. Todos hemos elegido métodos para adormecer el dolor de nuestros problemas y en dosis moderadas no hay ningún inconveniente con ello, pero mientras más tiempo los evitemos y los adormilemos, más doloroso será cuando al final no haya otra alternativa que enfrentarlos.

Las emociones están sobrevaloradas

Las emociones evolucionaron para un propósito específico: ayudarnos a vivir y reproducirnos un poquito mejor. Eso es todo. Son mecanismos de retroalimentación que nos dicen si algo es probablemente bueno o malo para nosotros. Ni más ni menos.

Así como el dolor que nos produce tocar una estufa caliente nos enseña a no volver a hacerlo, la tristeza de estar solo te enseña a no repetir las mismas conductas que te hicieron sentir esa soledad. Las emociones son simplemente señales biológicas diseñadas para mostrarte la dirección hacia el cambio benéfico.

Mira, no quiero evidenciar tu crisis de la mediana edad o el hecho de que el borracho de tu padre te robó tu bici cuando tenías ocho años y aún no lo has superado, pero cuando se trata de llegar a la verdad, si te sientes mal es porque tu cerebro te dice que hay un problema que no has hecho consciente o no has resuelto. En otras palabras, las emociones negativas son un *llamado a la acción*. Cuando las percibes, es porque deberías hacer algo. Las emociones positivas, por el otro lado, son recompensas por haber realizado la acción apropiada. Cuando las experimentas, la vida parece sencilla y no hay nada más que hacer, que disfrutarlas. Entonces, como todo lo demás, las emociones positivas se diluyen, porque inevitablemente surgen más problemas. Las emociones son parte de la ecuación de nuestras vidas, pero no son la ecuación *completa*. Sólo porque algo se siente bien no significa que *sea* bueno. Sólo porque algo se siente mal no significa que *sea* malo. Las emociones son simples señalizaciones, *sugerencias* que nuestra neurobiología nos proporciona; no son mandamientos. Por ese motivo no siempre deberíamos confiar en nuestras emociones. De hecho, creo que deberíamos crear el hábito de cuestionarlas.

A muchas personas les enseñan a reprimir sus emociones por varias razones personales, sociales o culturales, en particular las emociones negativas. Tristemente, negar las

propias emociones negativas es negar muchos de los mecanismos de retroalimentación que le ayudan a una persona
a resolver problemas. Como resultado, muchos de estos
individuos reprimidos sufren al lidiar con sus problemas
a lo largo de sus vidas. Y si no pueden resolver problemas,
entonces no son capaces de ser felices. Recuerda, el dolor
tiene un propósito.

Luego están aquellos que se sobreidentifican con sus
emociones. Todo está justificado sólo porque lo *sintieron*.
"Uy, rompí tu parabrisas, pero estaba *verdaderamente* enojado, no lo pude evitar", o "Dejé la escuela y me mudé a
Alaska porque *sentí* que era lo correcto". La toma de decisiones basada en la intuición emocional, sin la ayuda de
la razón para mantenerla a raya, generalmente es un asco.
¿Sabes quiénes basan sus vidas enteras en las emociones?
Los niños de tres años. Y los perros. ¿Sabes también qué
hacen los niños de tres años y los perros? Se hacen popó
en la alfombra.

La obsesión y el sobreinvertir en la emoción nos fallan
por la simple razón de que nuestras emociones nunca du-
ran. Lo que sea que nos hace felices hoy, no nos hará felices mañana, porque nuestra biología siempre necesita algo
más. Una fijación en la felicidad deriva de manera inevitable en una búsqueda de "algo más": una casa nueva, una
nueva relación, otro hijo, un aumento de sueldo. Y a pesar
de nuestro sudor y esfuerzo, terminamos sintiéndonos extrañamente igual a como empezamos: insuficientes.

Con frecuencia los psicólogos se refieren a este concepto como la "caminadora hedónica": la idea de que siempre

estamos trabajando arduamente para cambiar nuestra situación de vida, pero en realidad nunca nos sentimos diferentes.

Ésta es la razón por la cual nuestros problemas son repetitivos e inevitables. La persona con la que te unes en matrimonio es la persona con la que peleas. La casa que compras es la casa que reparas. El trabajo perfecto es el trabajo que te estresa. Todo conlleva un sacrificio inherente: lo que sea que nos hace sentir bien inevitablemente nos hace sentir mal. Lo que ganamos es también lo que perdemos. Lo que crea nuestras experiencias positivas definirá nuestras experiencias negativas.

Lo anterior no es fácil de asimilar. Nos gusta la idea de que hay un tipo de felicidad total que se puede lograr. Nos *gusta* la idea de que podemos aliviar nuestro sufrimiento de manera permanente. Nos *gusta* la idea de que podemos sentirnos realizados y satisfechos con nuestras vidas para siempre.

Pero no podemos.

Escoge tu lucha

Si te pregunto: ¿qué esperas de la vida?, y me respondes algo como "Quiero ser feliz y tener una hermosa familia y un trabajo que me guste", tu respuesta es tan común y esperada que en realidad no significa nada.

Todo el mundo disfruta lo que se siente bien. Todos quieren vivir una vida sin preocupaciones, feliz y fácil; enamorarse, tener sexo maravilloso y relaciones increíbles, verse perfectos y hacer dinero. Ser respetados, admirados e importantes, que cuando lleguen a un lugar la gente se abra a su paso como si fuera el Mar Rojo.

Todos quieren eso. Eso es fácil de querer.

Una pregunta más interesante, una pregunta que la mayoría de la gente nunca considera, es: ¿qué *dolor* deseas en la vida?, ¿por qué estás dispuesto a luchar? Porque eso parece influir más en cómo resultarán nuestras existencias.

Por ejemplo, la mayoría de la gente desea tener su propia oficina privada y ganar toneladas de dinero, pero para escapar de los confines de su cubículo —ese infierno infinito— no todos están dispuestos a sufrir jornadas de 60 horas a la semana, largos trayectos de traslado, papeleos burocráticos y jerarquías corporativas arbitrarias.

Muchas personas quieren tener sexo increíble y una relación de pareja magnífica pero no todas están dispuestas a tener conversaciones difíciles, soportar silencios incómodos, sentirse lastimadas y, en general, aguantar ese psicodrama emocional para lograrlo. Entonces se contentan con lo que tienen y se preguntan por años y años: "¿Qué tal si hubiera…?", hasta que la pregunta muta de "¿Qué tal si hubiera…?, a "¿Qué más…?" Y cuando los abogados ya realizaron su trabajo y el cheque de la manutención aparece en el correo, dicen: "¿Por qué...?". Si no hubiera sido por sus bajas expectativas y sus estándares de los 20 años anteriores, no habrían llegado a ese *¿por qué?*

Porque la felicidad requiere lucha, porque nace y crece de los problemas. La dicha no simplemente brota de la tierra como las margaritas y los arcoíris. La plenitud real, seria, duradera y el significado deben ganarse a través de elegir y controlar nuestras luchas. Ya sea que sufras ansiedad o sole-dad, o un desorden obsesivo-compulsivo, o un jefe inso-portable que te arruina la mitad del día, la solución se basa en la aceptación y en el involucramiento activo con la expe-riencia negativa, no de evadirse ni de buscar salvarse de ella.

La gente desea tener un cuerpo impresionante; pero no logras uno a menos que legítimamente aprecies el dolor y el estrés físico que conlleva vivir dentro de un gimnasio hora tras hora; a menos que ames calcular y calibrar la comida que comes, planeando tu vida en minúsculas porciones.

La gente quiere iniciar su propio negocio; pero no serás un exitoso empresario a menos que encuentres un modo de apreciar el riesgo, la incertidumbre, los repetidos fra-casos y las miles de horas dedicadas a algo que podría no hacerte ganar un centavo.

La gente desea una pareja, un cónyuge; pero no logras atraer a alguien asombroso sin apreciar la turbulencia emocional que implica ir capoteando los rechazos, crear esa tensión sexual que nunca se libera y quedarte mirando perdidamente a un teléfono que nunca suena. Es parte del juego del amor. No puedes ganar si no juegas.

Lo que determina tu éxito no es qué quieres disfrutar. La pregunta relevante es qué dolor quieres continuar. El camino a la felicidad está lleno de montones de suciedad y humillación.

Debes escoger algo. No puedes tener una vida libre de dolor. No todo puede ser rosas y unicornios todo el tiem-po. El placer es una pregunta fácil y casi todos tenemos una respuesta similar.

La cuestión más interesante es el dolor. ¿Cuál es el dolor que quieres mantener? Ésa es la pregunta difícil, la que importa, la pregunta que en verdad te llevará a algo. Es la pregunta que puede cambiar una perspectiva, una vida. Es lo que a mí me hace yo y a ti, tú. Es la que nos define y nos separa, y en última instancia, la que nos une.

Durante la mayor parte de mi adolescencia y mi juventud, fantaseé con ser músico: una estrella de rock, en particular. Cualquier canción ruda que escuchaba, siempre cerraba los ojos y me imaginaba sobre el escenario, tocándola frente a un público enardecido que gritaba y perdía la cabeza con mis dedos prodigiosos rasgando la guitarra. Dicha fantasía me mantenía ocupado por horas; para mí, no era una cuestión de *si algún día* tocaría frente a las multitudes gritando mi nombre, sino cuándo. Lo tenía todo planeado. Simplemente estaba comprando tiempo antes de poder invertir la cantidad apropiada de energía y esfuerzo para llegar ahí y dejar mi huella. Primero necesitaba terminar la escuela, después encontrar el tiempo libre suficiente para practicar. Enseguida tendría que buscar conexiones y planear mi primer proyecto. Luego... y luego, nada.

A pesar de fantasear casi la mitad de mi vida con eso, la idea nunca se convirtió en realidad. Y me tomó un largo tiempo y mucha lucha descubrir finalmente por qué: *en realidad no lo deseaba.*

Estaba enamorado del resultado: la imagen de mí sobre el escenario, la gente aplaudiendo, yo tocando, dejando el corazón en la canción... pero no estaba enamorado del proceso. Y por ello fracasé. Repetidamente. Caray, ni siquiera lo intenté lo suficiente, apenas si procuré. El esclavizante día a día de practicar, la molestia de encontrar foros y conseguir que a las personas les importara y acudieran a verme, las cuerdas rotas, el amplificador que volaría, arrastrar 20 kilos de equipo de ida y vuelta a los ensayos sin coche… Es una montaña de sueño y una escalada de kilómetros hasta la cima. Y lo que me tomó un gran tiempo descubrir es que no me agradaba escalar mucho. Sólo me gustaba imaginarme en la cima.

Las narrativas culturales comunes me dirán que de alguna forma me fallé a mí mismo, que soy un cobarde o un perdedor, que simplemente "no lo tenía en mí", que sucumbí ante mi sueño y que seguro me dejé vencer ante la presión de la sociedad. Pero la verdad es mucho menos interesante que cualquiera de esas explicaciones. En realidad es que pensé que deseaba algo, pero resultó que no. Fin de la historia.

Quería la recompensa, pero no el esfuerzo. Quería el resultado, pero no el proceso. Estaba enamorado, pero no con la lucha, sino con la victoria.

Y la vida no funciona así.

Lo que eres se define por lo que estás dispuesto a luchar. Las personas que *disfrutan* los esfuerzos en el gimnasio son las que corren triatlones, poseen marcadísimos abdominales y hacen pesas con sus propias casas. La gente que *disfruta* las largas horas de trabajo y las políticas del escalafón corporativo es la que vuela a lo más alto de éste. La gente que *disfruta* el estrés y las incertidumbres del estilo de vida muerto de hambre de los artistas es, ultimadamente, quien lo vive y lo consigue.

Esto no se trata de voluntad o coraje. Esto no es otro eslogan de "Sin dolor no hay victoria". Esto es el más simple y básico componente de la vida: nuestras luchas determinan nuestro éxito. Nuestros problemas dan vida a nuestra felicidad, junto con problemas ligeramente mejores.

¿Lo notas? Es una espiral ascendente infinita. Y si crees que en algún momento te está permitido dejar de escalar, temo que no has comprendido el punto. Porque la dicha está, justamente, en la escalada.

3

Tú no eres especial

Alguna vez conocí a un tipo, lo llamaremos Jimmy. Jimmy siempre andaba con varios negocios al mismo tiempo. En un día cualquiera, si le preguntabas qué estaba haciendo, te recitaba de un jalón el nombre de una firma a la que le realizaba una consultoría, te describía una aplicación móvil de medicina para la que buscaba inversionistas, te platicaba acerca de un evento de caridad en el que sería invitado para dar el discurso de cierre o la idea que tenía para un tipo de bomba de gas más eficiente que le haría ganar millones. El hombre siempre andaba por todos lados y si le dabas un ápice de tu atención, te pulverizaba contándote lo increíble que era su negocio, lo brillantes que resultaban sus ideas y dejaría caer tantos nombres de gente famosa que te sentirías como si estuvieras hablando con un reportero de espectáculos.

Jimmy era positivo todo el tiempo. Siempre empujando hacia adelante, siempre trabajando un nuevo ángulo; un tipo ambicioso.

El problema era que Jimmy también era un holgazán: mucha plática y cero acción. Drogado la mayoría del tiempo y gastando tanto dinero en bares y restaurantes finos como en sus "ideas de negocio", era una sanguijuela profesional, vivía de los recursos monetarios bien ganados de su familia y de gente que conocía en la ciudad, a la que mareaba con falsas ideas de la tecnología del futuro. Claro, a veces le ponía un poco de esfuerzo o tomaba el teléfono y llamaba a alguien importante; dejaba caer nombres hasta que se le acababan, pero en realidad nunca le fructificaba nada. Ninguno de esos "negocios" floreció jamás.

Sin embargo, el tipo mantuvo esta forma de vida hasta casi cumplir 30 años; lo mantenían sus novias y buscaba dinero entre parientes cada vez más lejanos. Y la parte más bizarra de todo es que Jimmy se sentía bien haciendo eso. Tenía una confianza en sí mismo que rayaba en el delirio. La gente que se reía de él o le colgaba el teléfono estaba —en su opinión— "perdiéndose la oportunidad de su vida". Las personas que descubrían la falsedad en sus ideas de negocio eran "demasiado ignorantes o no tenían experiencia" para entender su genialidad. Quienes señalaban su vida de vago lo hacían "por celos" u "odiaban que tuviera éxito porque lo envidiaban".

Jimmy hizo algo de dinero, a pesar de que usualmente lo obtenía de manera fraudulenta al plagiar las ideas de alguien más y vendiéndolas como si fueran suyas, al obtener préstamos o, peor aún, al convencer a un incauto de que le cediera acciones en su negocio. Incluso, de manera ocasional conseguía que lo contrataran para hablar en público (¿sobre qué?, no me puedo imaginar) y recibir remuneración.

Lo peor es que Jimmy *se creía* sus propias historias. Su delirio era a prueba de balas, tanto, que era honestamente difícil enojarse con él, verlo en acción resultaba sorprendente.

En algún momento de los años sesenta, "desarrollar una alta autoestima" —tener pensamientos y sentimientos positivos sobre uno mismo— se convirtió en el furor de la psicología. Las investigaciones arrojaron que la gente que se *pensaba* con alta autoestima por lo general se desenvolvía mejor y causaba menos problemas. Muchos investigadores y responsables políticos de aquella época comenzaron a creer que elevar el autoestima de una población podía desencadenar beneficios sociales tangibles como una menor tasa de crímenes, mejores resultados académicos, mayor empleo, un menor déficit de presupuesto… Como resultado de lo anterior, a principios de la siguiente década —los setenta—, las prácticas de autoestima empezaron a ser enseñadas a los padres, las enfatizaron terapistas, políticos y maestros, y se adoptaron como política educativa. Las calificaciones infladas, por ejemplo, se implementaron para conseguir que los chicos que no eran tan brillantes se sintieran mejor sobre su bajo aprovechamiento. Se inventaron certificados de participación y trofeos falsos para actividades mundanas y rutinarias; los niños recibían tareas tontas, como escribir todas las razones por las que creían ser especiales o las cinco cosas que les gustaban más de sí mismos. Los pastores y ministros predicaban en sus congregaciones que cada uno era único y especial a los ojos de Dios, y que estaban destinados a sobresalir de la medianía. Surgieron seminarios de negocios y motivacionales, se coreó el mismo mantra paradójico: cada uno de nosotros puede ser excepcional y masivamente exitoso.

Una generación después, ya tenemos la información. *No todos* somos excepcionales. Resulta que el simple hecho de sentirse bien con uno mismo en realidad no significa nada a menos que tengas una *buena razón* para sentirte bien contigo mismo. Resulta también que la adversidad y el fracaso son, de hecho, útiles e incluso necesarios para desarrollar adultos exitosos y fuertes en términos emocionales. Y resulta que enseñarle a la gente a creer que es excepcional y sentirse bien acerca de sí sin ton ni son no logra crear una generación plagada de Bill Gates o Martin Luther Kings. Crea una población llena de Jimmys.

Jimmy, el iluso fundador de negocios. Jimmy, el que fumaba mota todo el día y no tenía ninguna habilidad real más allá que hablar bien de él y creérselo. Jimmy, el tipo de hombre que le gritaba a su socio de negocios por ser "inmaduro" y luego iba a gastarse todo el crédito de la compañía al restaurante más caro de la ciudad para impresionar a alguna modelo rusa. Jimmy, a quien se le estaban acabando los parientes que le pudieran prestar más dinero.

Sí, ese ser confiado y con alta autoestima llamado Jimmy. El Jimmy que dedicó tanto tiempo a hablar de lo bueno que era hasta que, ya sabes, se le olvidó que en realidad debía hacer algo.

El problema con este movimiento de autoestima es que se basaba en el hecho de qué tan positivamente se percibía la gente; pero una medición verdadera y precisa del valor de uno mismo es cómo las personas se sientes sobre sus aspectos negativos. Si alguien como Jimmy se siente asombrosamente bien durante 99 por ciento del tiempo, a pesar de que su vida se esté desmoronando a su alrededor, entonces ¿cómo lo anterior puede ser un parámetro válido para una vida feliz y exitosa?

Jimmy se siente con derecho a todo. Esto es, se percibe a sí mismo como merecedor de cosas buenas sin realmente hacer algo para obtenerlas. Cree que debería ser rico sin trabajar para ello. Él considera que debería caerle bien a la gente y poseer buenos contactos sin tener que ayudar a nadie. Piensa que debería disfrutar un estilo de vida maravilloso sin sacrificar nada a cambio.

La gente como Jimmy se obsesiona tanto en sentirse bien con sigo misma que logra engañarse y convencerse de que *está* logrando grandes cosas, aun cuando no sea cierto. Estas personas creen que son ese exitoso fundador de un nuevo negocio cuando, de hecho, nunca han tenido ningún negocio exitoso. Se autodenominan *life coaches* o entrenadores de vida y cobran dinero por ayudar a otros, a pesar de que sólo tienen 25 años y jamás han logrado algo sustancial en sus existencias.

Quienes se sienten con derecho a todo exudan un grado de confianza en sí mismos que raya en el delirio. Dicha confianza puede ser atractiva para algunos, al menos por un rato. En ciertas instancias, el alucinante nivel de confianza de estos individuos puede ser contagioso y propiciar que la gente alrededor suyo también sienta más confianza sobre sí. A pesar de todas las locuras de Jimmy, tengo que admitir que a veces *era* divertido salir con él. Te sentías indestructible a su lado.

Pero el problema de creerse con derecho a todo es que hace que la gente *necesite* sentirse bien consigo misma todo el tiempo, incluso a costa de quienes se encuentran a su alrededor. Y ya que esta gente siempre necesita sentirse bien, termina gastando su tiempo pensando sólo en ella. Después de todo, convencerte de que tu popó no apesta requiere mucha energía y trabajo, en especial cuando has estado viviendo en un inodoro.

Una vez que las personas ha desarrollado ese patrón de pensamiento, de interpretar constantemente lo que sucede a su alrededor como autoengrandecedor, es muy complicado sacarlas de ese círculo vicioso. Cualquier intento de razonar con ellas es visto simplemente como otra "amenaza" a su superioridad por una persona que "no puede" con lo listos-talentosos-guapos-exitosos que son.

Este sentirse con derecho a todo envuelve a las personas en una burbuja narcisista; distorsionan todo para reforzarse a sí mismas. La gente que se cree con derecho a todo ve cada situación en su vida ya sea como una afirmación *de*, o una amenaza *para*, su propia grandeza. Si algo bueno les ocurre, es por alguna hazaña maravillosa que consiguieron, y si algo malo les sucede, es porque alguien está celoso e intenta derribarlos. Este sentimiento es impasible, las personas que se sienten con derecho a todo, se engañan con cualquier cosa que alimente su sentido de superioridad. Mantienen esta fachada mental a cualquier costo, incluso si a veces requiere ser física o emocionalmente abusivo con los que los rodean.

Pero ésta es una estrategia fallida. Es otra forma de droga mental. Esto *no* es felicidad.

La verdadera medida del valor propio no se basa en cómo esa persona se percibe respecto de sus experiencias positivas, sino cómo se siente en relación con las experiencias negativas. Una persona como Jimmy se esconde de sus problemas y se inventa éxitos ficticios en cada esquina; y como no puede enfrentar sus adversidades, sin importar lo bien que se sienta consigo misma, es débil.

Una persona que en verdad posee una alta autoestima es capaz de analizar las partes negativas de su carácter con franqueza. "Sí, a veces soy irresponsable con el dinero", "Sí, confío demasiado en otros para apoyarme, debería confiar más en mí mismo", y después actúan para mejorar. Pero la gente que se siente con derecho a todo, al ser incapaz de reconocer sus problemas de manera abierta y honesta, es incapaz asimiusmo de mejorar su vida de una manera significativa y duradera. Al final, siguen persiguiendo esa sensación de grandeza una y otra vez; acumulan más y más niveles de negación.

Pero eventualmente la realidad pega y los problemas subyacentes volverán a presentarse. Es sólo cuestión de cuándo y qué tan doloroso será.

Todo se desmorona

Sentado a las nueve de la mañana durante mi clase de biología, con la cabeza entre las manos, miraba perdidamente el minutero del reloj; cada tic tac se enlazaba a las explicaciones de la maestra sobre los cromosomas y la mitosis. Como cualquier puberto de 13 años atrapado en una habitación mal ventilada y con luz fluorescente, me hallaba aburrido.

Alguien llamó a la puerta. El señor Price, asistente del director de la escuela, asomó la cabeza.

—Disculpen la interrupción… Mark, ¿puedes venir conmigo, por favor? Ah, y trae tus cosas.

"Qué extraño —pensé—. A los estudiantes los envían con el director, pero el director rara vez es enviado a los estudiantes". Recogí mis útiles y salí del aula. El corredor estaba vacío. Cientos de casilleros color beige convergen en el horizonte.

—Mark, ¿puedes llevarme a tu casillero, por favor?

—Claro —dije, mientras camino a paso lento por el pasillo, con mis *jeans baggies*, el cabello largo y mi camiseta de Pantera.

Llegamos a mi casillero.

—Ábrelo, si eres tan amable —solicita el señor Price, así que accedo—. Da un paso hacia adelante y toma mi abrigo, mi maleta del gimnasio, mi mochila… todo el contenido del casillero, salvo unos cuadernos y lápices —empieza a caminar de nuevo—. Ven conmigo, por favor —dice, sin voltear a verme. Un sentimiento incómodo me invade.

Lo sigo hasta su oficina, donde me pide que me siente. Cierra la puerta y le pone seguro. Va hasta la ventana y ajusta las persianas para impedir la vista desde adentro. Me empiezan a sudar las palmas de las manos. Ésta *no* es una visita normal al director.

El señor Price se acomoda en su asiento y en silencio comienza a buscar entre mis pertenencias; revisa bolsillos, abre cremalleras, sacude mi vestimenta de gimnasio y la coloca sobre el suelo.

Sin voltear a verme, el señor Price pregunta:

—¿Sabes qué estoy buscando, Mark?

—No —contesté.

—Drogas.

La palabra me sorprende; me quedo atento y nervioso.

—¿D-d-drogas? —balbuceo—. ¿De qué tipo?

Me mira con severidad.

—No lo sé, ¿de qué tipo tienes? —me pregunta, mientras abre una de mis carpetas y busca en los compartimentos de bolígrafos.

El sudor empieza a emanar como hongos en época de lluvias; sudo profusamente de las manos, ahora los brazos y hasta el cuello. Las sienes me pulsan conforme la sangre se agolpa en mi cerebro y mi cara. Como cualquier puberto de 13 años recientemente acusado de poseer narcóticos y llevarlos a la escuela, quiero huir y esconderme.

—No sé de qué habla —protesto, aunque mis palabras suenan mucho más débiles de lo que quisiera.

Siento que debo sonar confiado de mí mismo. O quizá no. Quizá debería sonar espantado. ¿Los mentirosos suenan más espantados o más confiados? Porque como sea que suenen, quiero sonar a lo opuesto. En vez de ello, mi falta de confianza destila falta de confianza por sonar tan falto de confianza; me hace sentir con menos confianza. ¡Ah!, el *Maldito círculo vicioso del sobreanálisis.*

—Eso ya lo veremos —dice, y dirige su atención hacia mi mochila, la cual, en apariencia, posee 100 bolsillos. Cada uno de ellos está lleno con su propio conjunto de tonterías de adolescente: plumas de colores, pedazos de papel con notas que nos pasamos en clase, discos compactos de los noventa con sus estuches quebrados, marcadores secos, un cuadernillo de dibujo con la mitad de las hojas arrancadas, polvo, pelusa y porquería acumulada durante mi exasperante y tortuosa existencia preparatoriana.

Debo estar produciendo sudor a la velocidad de la luz porque el tiempo se extiende y se demora de tal forma que lo que son meros segundos en las 9:00 horas del reloj de la clase de biología ahora se sienten como eones paleolíticos y estoy creciendo y muriendo a cada minuto. Sólo estamos el señor Prince, mi mochila —que parece no tener fondo— y yo.

En algún punto cerca del periodo mesolítico, Price termina de registrar mis pertenencias. Sin haber encontrado nada, se le nota nervioso. Voltea la mochila y deja caer toda mi porquería contra el suelo. Ahora suda tan profusamente como yo, excepto que, en lugar de mi terror, está su ira.

—Así que no traes drogas hoy, ¿eh? —trata de escucharse casual.

—Negativo —contesto con el mismo tono.

Entonces extiende todas mis cosas, separa cada artículo y los apila junto a mi uniforme de deportes. Mi abrigo y mi mochila ahora yacen vacíos y sin vida en su regazo. Suspira y se le queda viendo a la pared. Como cualquier puberto de 13 años encerrado en una oficina con un hombre que lanza airadamente todos sus útiles al piso, quiero llorar.

El señor Price escanea los contenidos organizados en la superficie del suelo. Nada ilícito o ilegal, cero narcóticos, incluso nada que vaya contra las políticas de la escuela. Suspira y deja caer el abrigo y la mochila también al piso. Se agacha y pone los codos sobre las rodillas, para encontrarse cara a cara conmigo.

—Mark, te daré una última oportunidad de ser honesto conmigo. Si eres honesto, esto resultará mucho mejor para ti, pero si estás mintiendo, entonces será mucho peor.

Como si fuera premeditado, trago saliva.

—Ahora, dime la verdad —demanda Price—. ¿Trajiste hoy drogas a la escuela?

Conteniendo las lágrimas, y ahogando los gritos que quieren escapar de mi garganta, enfrento a mi verdugo, y con una voz suplicante, que muere por ser relevado de estos horrores adolescentes, le digo:

—No, no tengo nada de drogas. No tengo ni idea de lo que habla.

—Okey —expresa, dejándose vencer—. Supongo que puedes recoger tus cosas y retirarte.

Le da una última y larga mirada a mi mochila, que posa tendida en el suelo de su oficina cual promesa rota. Pone casualmente la punta de su zapato sobre mi maleta escolar, le propina unos golpecitos, en un último esfuerzo por hallar algo. Yo espero con ansias que se levante y se vaya para poder seguir con mi vida y olvidar esa pesadilla.

Pero su pie se topa con algo.

—¿Qué es esto? —inquiere, mientras continúa golpeando con el pie.

—¿Qué es qué? —pregunto.

—Aquí hay algo —levanta la mochila y empieza a palpar el fondo de ella.

Para mí, la habitación comienza a nublarse y todo se mueve.

Cuando era chico, era inteligente. Era amistoso. Pero también era un cabrón. Lo digo de la manera más amorosa posible. Era un rebelde y mentiroso cabroncito; enojado y lleno de resentimiento. Cuando tenía 12 años, *hackeé* el sistema de seguridad de mi casa con imanes del refrigerador para poder escabullirme a media noche. Un amigo y yo poníamos el coche de su mamá en neutral y lo empujábamos hasta la calle para que pudiéramos manejarlo sin que ella se despertara. En las tareas, escribía sobre temas como el aborto porque sabía que mi maestra de inglés era una cristiana súper conservadora. Otro amigo y yo le robábamos cigarros a su mamá y los vendíamos a los niños afuera de la escuela.

Y también había dispuesto un compartimiento secreto en el fondo de mi mochila para esconder mi marihuana.

Ése era el mismo compartimiento secreto que el señor Price descubrió al pisar las drogas que se hallaban ocultas en él. Yo había mentido. Y tal como lo prometió, Price no tuvo piedad. Un par de horas después, como cualquier puberto de 13 años esposado en el interior de una patrulla, creí que mi vida había terminado.

Y de alguna forma no estaba tan equivocado. Mis padres me pusieron en cuarentena en la casa. No tendría más amigos en el futuro previsible. Ya que fui expulsado de la escuela, recibiría educación a domicilio por lo que restaba del año. Mi madre me obligó a cortarme la melena y tiró todas mis camisetas de Marilyn Manson y Metallica (lo cual, para un adolescente en 1998, equivalía a ser sentenciado a muerte por aburrido). Mi padre me arrastraba a su oficina todas las mañanas y me ponía a archivar documentos durante horas. Una vez que la educación en casa terminó, me inscribieron en una escuela pequeña, privada y cristiana, donde —y supongo que no les sorprenderá— no encajé.

Y justo cuando finalmente dejé las drogas y había aprendido el valor de la responsabilidad y la disciplina, mis progenitores decidieron divorciarse.

Cuento todo esto para que se comprenda que mi adolescencia apestó. Perdí a todos mis amigos, mi comunidad, mis derechos legales y mi familia en un lapso de nueve meses. En mis veinte, mi terapeuta llamaría a esto "una etapa verdaderamente traumática" y yo me pasaría más de una década trabajando en desenmarañarlo y tratando de convertirme en un desgraciado menos ensimismado que se cree con derecho a todo.

El problema con mi vida hogareña de aquellos tiempos no son las cosas terribles que se hicieron o se dijeron; peor aún, fueron todas las cosas terribles que necesitan ser dichas y hechas, pero no lo fueron. La capacidad de mi familia para negar la realidad es equiparable a la manera en la que Warren Buffet genera dinero o las Kardashian tienen sexo: somos campeones en ello. La casa podría estar ardiendo en llamas con nosotros dentro y alguien habría hecho un comentario como: "Ay, no, todo está bien. Quizás hace un poco de calor aquí, quizá, pero, de veras, todo está bien".

Cuando mis padres se divorciaron, no hubo platos rotos, portazos ni discusiones a gritos sobre quién había engañado a quién. Una vez que a mi hermano y a mí nos aseguraron que no era nuestra culpa, tuvimos una sesión de preguntas y respuestas —¡sí, leíste bien!— sobre la logística de dónde viviríamos ahora y con quién. Nadie derramó una sola lágrima. Nadie levantó la voz. Lo más cercano a una respuesta emocional que logramos observar mi hermano y yo de mis padres fue escuchar: "Nadie engañó a nadie". Ah, eso es bueno. Hacía un poco de calor en la habitación, pero, de veras, todo estaba bien.

Mis padres son gente buena. No los culpo por todo esto (ya no más, por lo menos). Y los amo mucho. Ellos tienen sus propias historias, sus propios caminos y sus propios problemas, igual que los tienen todos los padres. Justo como sus progenitores a su vez los tuvieron y los padres de sus padres, etcétera. Y como todos los padres, los míos, con las mejores intenciones, compartieron conmigo algunos de sus problemas, como de seguro yo lo haré con mis hijos.

Cuando situaciones "en verdad traumáticas" suceden en nuestras vidas, empezamos a sentir inconscientemente que tenemos problemas que nunca seremos capaces de resolver. Y esta inhabilidad asumida para solucionar tus dificultades causa que nos asumamos miserables e indefensos.

Lo anterior también propicia que suceda algo más. Si tenemos problemas que no se pueden resolver, nuestro inconsciente cree que somos ya sea singularmente especiales o que somos singularmente defectuosos; que no nos parecemos a nadie y que las reglas aplican diferente para nosotros.

En otras palabras, nos creemos con derecho a todo.

El dolor de mi adolescencia me condujo a sentirme con derecho a todo, situación que perduró hasta mis primeros años de adulto. Mientras la creencia de Jimmy de sentirse con derecho a todo se daba en el campo de los negocios —donde él jugaba a ser un emprendedor exitoso—, yo me sentía con derecho a todo en mis relaciones, particularmente con las mujeres. Mi trauma estaba relacionado con la intimidad y la aceptación, así que experimentaba una constante necesidad de sobrecompensar, de probarme a mí mismo que era amado y aceptado todo el tiempo. Como resultado de lo anterior, pronto me hallaba persiguiendo a las mujeres de la misma manera que un adicto se le arrojaría a un hombre de nieve hecho de cocaína: les hacía el amor con dulzura y luego rápidamente me asfixiaba en él.

Me convertí en un jugador, inmaduro, egoísta y —sólo algunas veces— encantador. Así inicié una larga serie de relaciones superficiales y enfermizas durante casi una década.

No era tanto el sexo lo que me impulsaba, aunque el sexo resultaba divertido. Era el sentido de validación. Era deseado, era amado y, por primera vez desde que podría recordar, *valía* algo. Mi necesidad de validación rápida-

mente dio pie a un hábito mental de autoengrandecimien-
to y sobreindulgencia. Me sentía con derecho de hacer o
decir lo que quisiera, de romper la confianza de la gente, de
ignorar sus sentimientos y luego justificarme con disculpas
malas y poco sinceras.

A pesar de que ese periodo ciertamente tuvo sus momentos de diversión, emoción, y de que conocí a mujeres
fantásticas, mi vida era más bien un desastre total. A menudo no tenía trabajo, vivía en las salas de mis amigos o
con mi mamá, bebía más de lo que debía, evitaba a mis
amigos, y cuando conocía una mujer que de verdad me
gustaba, mi egoísmo pronto echaba todo a perder.

A más profundo el dolor, más indefensos nos sentimos
frente a nuestros problemas, y para compensar ese dolor
nos creemos con más derecho a todo. Este sentimiento se
da en alguna de dos formas:

1. Soy increíble y los demás son unos perdedores, así que
   merezco un trato especial.
2. Soy un perdedor y el resto de ustedes es increíble, así
   que merezco un trato especial.

Una forma de pensar opuesta en lo exterior, pero con
el mismo relleno cremoso egoísta en el medio. De hecho,
seguramente verás a esas personas ir de un sentimiento a
otro y de regreso. O se sienten en la cima del mundo o el
mundo está encima de ellos, según del día de la semana o
lo bien que les esté yendo con su adicción particular en ese
momento.

Mucha gente identifica a Jimmy —y con razón— como un idiota asquerosamente narcisista por ser bastante obvio en su delirio de grandeza. Lo que muchas personas no identifican correctamente es ese sentirse con derecho a todo en las otras personas cuando éstas se consideran inferiores e indignas de este mundo.

Interpretar todo en esta vida sólo para parecer victimizado de manera permanente requiere el mismo nivel de egoísmo que lo opuesto. Se necesita la misma energía y el mismo engrandecimiento delirante para mantener la creencia de que uno tiene problemas inconmensurables o asumir que no enfrentas ninguno.

La verdad es que no existe tal cosa como los problemas personales. Si tienes un problema, existen muchas probabilidades de que millones de personas lo hayan tenido en el pasado, lo estén padeciendo ahora y lo vayan a sufrir en el futuro. Muy probablemente, gente que tú conoces. Eso no minimiza el problema ni significa que no deba doler; tampoco significa que seas una víctima legítima en algunas circunstancias.

Sólo significa que tú no eres especial.

Con frecuencia, darse cuenta de esto —que tú y tus problemas *no* son privilegiados en severidad o dolor— es el primer y más importante paso para resolverlos.

Sin embargo, por alguna razón, parece que cada vez más y más personas —en particular los jóvenes— están olvidando eso.

Numerosos profesores y educadores han notado una falta de resiliencia emocional y un exceso de demandas egoístas en los jóvenes de ahora. No es poco común que ciertos libros sean removidos de un programa educativo por la simple razón de que hicieron sentir mal a alguien. A los oradores y profesores les gritan y los suspenden por infracciones tan sencillas como sugerir que algunos disfraces de Halloween en realidad no eran tan ofensivos. Los consejeros escolares notan que cada vez más estudiantes exhiben signos severos de estrés emocional sobre lo que, en otras épocas, eran experiencias propias de la rutina de las universidades, como una discusión con tu compañero u obtener una calificación baja en clase.

Es extraño que en una época en la que estamos más conectados que nunca, sentirse con derecho a todo parezca mantenerse como la droga común. Algo acerca de la tecnología reciente parece permitir que nuestras inseguridades se descontrolen como nunca antes. Mientras más libertad poseemos para expresarnos, más queremos para ser libres de tener que lidiar con alguien que pueda estar en desacuerdo con nosotros o que nos irrite. Mientras más expuestos estamos a puntos de vista opuestos, parecemos estar más molestos de que esos otros puntos de vista existan. Mientras nuestras vidas se vuelven más fáciles y más libres de problemas, más nos sentimos con el derecho de que éstas sean aún mejores.

Los beneficios del internet y de las redes sociales son fantásticos e incuestionables; en muchas formas, éste es el mejor momento para estar vivos; pero quizás dichas tecnologías traen consigo consecuencias sociales no previstas. Tal vez estos avances tecnológicos que han liberado y educado a tantos, simultáneamente refuerzan, más que nunca, ese sentirse con derecho a todo.

La tiranía del excepcionalismo

Muchos de nosotros somos bastante promedio en las cosas que hacemos. Incluso si eres excepcional en algo, la probabilidad es que seas promedio o mediocre en la mayoría de las otras cosas. Ésta es simplemente la naturaleza de la vida. Para ser de verdad bueno en algo, debes dedicarle toneladas de tiempo y energía; y como tenemos un tiempo y una energía limitados, pocos nos volvemos en realidad excepcionales en más de una cosa, si es que lo logramos.

Podemos decir que existe una improbabilidad estadística de que una sola persona sea extraordinaria en todas las áreas de su vida, o incluso en varias. Los empresarios brillantes por lo general son unos fracasados en sus vidas personales. Los atletas extraordinarios son regularmente superficiales y tan tontos como una piedra con lobotomía. Muchas celebridades de seguro están tan desorientadas en sus vidas como la gente que se deslumbra con ellas y sigue todos sus movimientos.

Todos somos —en la mayoría de los casos— gente bastante promedio. Y son los extremos los que acaparan toda la atención. Como que esto ya lo sabíamos, pero rara vez lo pensamos o hablamos al respecto, y ciertamente nunca discutimos por qué podría ser un problema.

Es magnífico tener acceso a internet, Google, Facebook, YouTube, y a más de 500 canales de televisión, pero nuestra atención es limitada. No hay manera de que podamos procesar las inmensas olas de información que nos rodean constantemente. Entonces, los únicos ceros y unos que logran romper la barrera y captar nuestra atención son las piezas de información de verdad excepcionales, aquellas en el percentil 99.999.

Todo el día, cada día, somos inundados con lo realmente extraordinario. Lo mejor de lo mejor. Lo peor de lo peor. Lo más impactante de las capacidades físicas. Las bromas más hilarantes. Las noticias más trascendentes. Las amenazas más aterradoras. Sin parar.

Nuestras vidas hoy están llenas de la información de los extremos de la experiencia humana, porque en el negocio de los medios eso logra que abras los ojos con sorpresa y atrae los dólares. Ésa es la verdad última; sin embargo, la vasta mayoría de la vida reside en el monótono medio. La vasta mayoría de la vida no es extraordinaria; de hecho, es bastante promedio.

Dicha marea de información extrema nos ha condicionado a creer que el excepcionalismo es el nuevo estado "normal", y debido a que casi todo el tiempo todos somos demasiado promedio, el diluvio de información excepcional nos hace sentir muy inseguros y desesperados, porque claramente no estamos siendo lo suficientemente buenos. Así que sentimos más y más la necesidad de compensar a través de creernos con derecho a todo, y por medio de las adicciones. Le hacemos frente a esa situación de la única manera en que sabemos hacerlo: ya sea a través de autoengrandecernos o engrandeciendo a los demás.

Algunos de nosotros la confrontamos cocinando planes acerca de "cómo hacerse rico fácilmente". Otros lo hacen volando por el mundo para salvar bebés famélicos en África. Unos más lo hacen al procurar ser los mejores en la escuela y ganar todos los premios; otros, al abandonar los estudios. Y algunos más, intentando tener sexo con cualquier cosa que hable y respire.

Esto se relaciona con la creciente cultura del derecho a todo de la que hablaba con anterioridad. Por lo general, los llamados *millenials* son culpados por este cambio cultural, pero es probable que ellos constituyan la generación más conectada y visible. De hecho, la tendencia a sentirse con derecho a todo recorre a toda la sociedad y creo que está ligada al excepcionalismo generado por los medios masivos.

El problema es que la penetración de la tecnología y la mercadotecnia masiva están echando a perder las expectativas de las personas. Dicha inundación de lo excepcional propicia que la gente se sienta peor sobre sí misma; sentir que necesitan ser más extremos, más radicales y más confiados para ser reconocidos o incluso tener valía.

Cuando era joven, mis inseguridades respecto de la intimidad fueron exacerbadas por las ridículas narrativas de la masculinidad que circulaban en la cultura pop. Algunas de esas narrativas *aún* siguen circulando: para ser un tipo *cool* debes irte de fiesta como las estrellas de rock; para ser respetado, debes ser admirado por las mujeres; el sexo es lo más valioso que un hombre puede obtener y vale la pena sacrificar todo (incluyendo tu propia dignidad) para conseguirlo.

Esta constante transmisión de información poco realista se une a nuestros sentimientos preexistentes de inseguridad al sobreexponernos a los estándares irreales que fallamos en alcanzar. No sólo nos sentimos sujetos a problemas que no tienen solución, sino que nos asumimos perdedores porque una simple búsqueda en Google nos muestra miles de personas que no enfrentan esos mismos problemas.

La tecnología ha resuelto nuestros antiguos problemas económicos al darnos nuevos problemas psicológicos. Internet no sólo ha democratizado la información, también ha distribuido gratuitamente la inseguridad, la falta de confianza en uno mismo y la vergüenza.

P-p-p-pero si no seré especial o extraordinario, ¿cuál es el punto?
En la actualidad se ha aceptado como parte de nuestra cultura el creer que todos estamos destinados a hacer algo extraordinario. Las celebridades lo dicen. Los genios de los negocios lo dicen. Los políticos lo dicen. Incluso Oprah lo dice (así que debe de ser cierto). Cada uno de nosotros puede ser extraordinario. Todos *merecemos* la grandeza.

Por el hecho de que esta máxima es contradictoria — después de todo, si todos fueran extraordinarios, entonces, por definición, nadie sería extraordinario— pasa desapercibida para la mayoría de la gente. Y en vez de cuestionar lo que en verdad merecemos o no merecemos, nos tragamos el mensaje y pedimos más.

Ser "promedio" se ha convertido en el nuevo estándar de fracaso. Lo peor que puedes hacer es estar en el medio de la manada. Cuando el estándar de éxito en una cultura es "ser extraordinario", entonces resulta que es mejor permanecer en el extremo inferior que estar en medio, porque al menos ahí aún eres especial y mereces atención. Mucha gente escoge esta estrategia: probarles a todos que ellos son los más miserables, los más oprimidos o los más victimizados.

Muchas personas tienen miedo de aceptar la mediocridad porque consideran que si lo hacen jamás lograrán nada, nunca mejorarán y su vida no valdrá nada.

Este tipo de pensamiento es peligroso. Una vez que aceptas la premisa de que una vida vale solamente si es grande y notable, entonces, básicamente, estás aceptando el hecho de que la mayoría de la población humana (incluyéndote) apesta y no posee valor alguno. Esa mentalidad puede volverse peligrosa rápidamente, tanto para ti como para los demás.

Las raras personas que sí se vuelven de verdad excepcionales en algo lo hacen no porque crean que son excepcionales. Por el contrario, se tornan asombrosas porque están obsesionadas con la mejoría. Dicha obsesión nace de la creencia infalible de que no son, de hecho, grandes de ninguna manera. Es el *anti* sentirse con derecho a todo. La gente que se vuelve estupenda en algo lo consigue porque comprende que no ha alcanzado esa genialidad —que es mediocre, que es promedio— y que podría ser mucho mejor.

Toda esta farsa de que "cada persona puede ser extraordinaria y conseguir la grandeza" básicamente chaquetea tu ego. Es un mensaje que sabe bien conforme lo masticas, pero en realidad no es más que calorías vacías que te engordan e hinchan emocionalmente. Es una Big Mac para tu corazón y tu cerebro.

El boleto hacia la salud emocional —y también hacia la salud física— se consigue al consumir tus vegetales, eso es aceptar las aburridas y mundanas verdades de la vida; verdades como "Tus acciones en realidad no importan tanto en el gran esquema de las cosas" y "Gran parte de tu vida será aburrida y no notable, y está bien".

Este platillo vegetariano te sabrá mal al principio. Muy mal. Y evitarás aceptarlo.

Pero una vez ingerido, tu cuerpo despertará más potente y más lleno de vida. Después de todo, la presión constante de ser algo fantástico, de ser la revelación del año, se te quitará de la espalda. El estrés y la ansiedad de siempre sentirte inadecuado y de necesitar probarte a ti mismo de manera constante, se disiparán. El conocimiento y la aceptación de tu propia existencia mundana, de hecho, te liberarán, para que logres lo que siempre soñaste conseguir, sin juicios ni expectativas inalcanzables.

Comenzarás a desarrollar una apreciación por las experiencias básicas de la vida: los placeres de una amistad sencilla, crear algo, ayudar a alguien que lo necesite, leer un buen libro, reírte con alguien que te importa.

Suena aburrido, ¿no? Es porque estas cosas son ordinarias. Pero quizá son ordinarias por una razón: porque son lo que *verdaderamente* importa.

CAPÍTULO

4

El valor del sufrimiento

En los meses finales de 1944, después de casi una década de guerra, Japón sufría un revés. Su economía pataleaba, su milicia se hallaba esparcida a través de media Asia y los territorios que había ganado en el Pacífico estaban cayendo como piezas de dominó bajo las fuerzas estadounidenses. La derrota parecía inevitable.

El 26 de diciembre de 1944, el teniente segundo Hiroo Onoda, del ejército imperial japonés, fue enviado a la pequeña isla de Lubang, en las Filipinas. Sus órdenes consistían en retrasar el avance de Estados Unidos tanto como fuera posible; enfrentarlos, luchar a cualquier costo y jamás rendirse. Él y su comandante sabían que, en esencia, era una misión suicida.

En febrero de 1945, los estadounidenses alcanzaron Lubang y tomaron la isla con una fuerza abrumadora. En cuestión de días, la mayoría de los soldados japoneses se había rendido o había caído, pero Onoda y tres de sus hombres lograron esconderse en la jungla. Desde ahí, iniciaron una guerra de guerrillas en contra del ejército norteamericano y la población local; atacaron líneas de abastecimiento, dispararon contra soldados perdidos e interfirieron las acciones de sus adversarios con cualquier manera que encontraban.

Ese agosto, medio año después, Estados Unidos lanzó dos bombas atómicas en las ciudades de Hiroshima y Nagasaki. Japón se rindió y la guerra más letal en la historia llegó a su dramática conclusión.

Sin embargo, miles de soldados japoneses seguían dispersos entre las islas del Pacífico, y muchos, como Onoda, seguían escondidos en la jungla, sin saber que la guerra había terminado. Estos últimos retenes continuaban peleando y saqueando como antes, lo cual representó un verdadero problema para la reconstrucción de Asia Oriental después del conflicto; los gobiernos coincidieron en que algo debía hacerse.

El ejército estadounidense, en conjunto con el gobierno japonés, dejó caer miles de folletos en toda la región del Pacífico, anunciando que la guerra había terminado y que era tiempo de irse a casa, para todos. Onoda y sus hombres, como muchos otros, encontraron y leyeron dichos volantes, pero a diferencia de los demás, Onoda consideró que eran falsos, una trampa maquillada por las fuerzas enemigas para desenmascarar a los guerrilleros. El militar japonés quemó los folletos, y él y sus hombres se mantuvieron escondidos, continuando la lucha.

Así pasaron cinco años. Los volantes dejaron de ser distribuidos y la mayoría de las fuerzas armadas de Estados Unidos hacía tiempo que regresaron a casa. La población local en Lubang intentaba retornar a sus vidas y actividades normales como la pesca y la agricultura. Sin embargo, Hiroo Onoda y sus secuaces aún permanecían ahí, disparándoles a los granjeros, quemando sus cosechas, robando su ganado y asesinando a los locales que se aventuraban en lo profundo de la selva. Entonces, el gobierno filipino imprimió nuevos folletos y los distribuyó por aquella zona selvática. "Salgan. La guerra terminó. Ustedes perdieron", decían.

Pero dichos volantes también fueron ignorados.

En 1952, el gobierno japonés hizo un último esfuerzo para localizar a los últimos soldados que permanecían escondidos en el Pacífico. Esta ocasión, cartas y fotografías de las familias de los combatientes desaparecidos se lanzaron desde el aire, junto con una nota personal del propio emperador. Una vez más, Onoda se rehusó a creer que la información era veraz. De nuevo consideró que el envío era un truco de los estadounidenses. Y por enésima ocasión, él y sus hombres se mantuvieron en posición de combate y continuaron luchando.

Así pasaron más años y los pobladores filipinos, hartos de ser aterrorizados, finalmente se armaron y comenzaron a contraatacar. Ya en 1959, uno de los compañeros de Onoda se había rendido y otro más había muerto. Entonces, una década después, el último camarada de Onoda, un hombre llamado Kozuka, fue asesinado por la policía local, durante una balacera, tras quemar campos de arroz; él *aún* seguía en guerra con la población local, ¡un cuarto de siglo después del final de la Segunda Guerra Mundial!

Onoda, habiendo pasado ya más de la mitad de su vida en la selva de Lubang, se quedó solo.

En 1972, la noticia de la muerte de Kozuka llegó a Japón en donde causó revuelo. Los japoneses pensaban que los últimos soldados habían regresado a casa desde hacía años. Los medios de comunicación nipones empezaron a preguntarse: si Kozuka permaneció en Lubang hasta 1972, entonces quizás el mismo Onoda, el último reducto de la Segunda Guerra Mundial, también podría seguir vivo.

Ese año, los gobiernos de Japón y Filipinas enviaron equipos de búsqueda para encontrar al enigmático teniente segundo, ahora convertido en mito, en héroe y en fantasma.

No hallaron nada.

Conforme transcurrieron los meses, la historia del teniente Onoda se convirtió en algo similar a una leyenda urbana en Japón: el héroe de guerra que parecía demasiado loco como para haber existido. Muchos lo romantizaron. Otros lo criticaron. Algunos más pensaron que su historia sólo se trataba de un cuento de hadas, inventado por quienes aún deseaban creer en un Japón que había desaparecido mucho tiempo atrás.

Fue alrededor de esa época cuando un joven llamado Norio Suzuki escuchó por primera vez de Onoda. Suzuki era un aventurero, un explorador y también un poco *hippie*. Nacido después del término de la guerra, abandonó la escuela y pasó cuatro años pidiendo aventones para viajar a través de Asia, Medio Oriente y África; dormía en bancas de parque, en coches de extraños, celdas de prisión y bajo las estrellas. Ofrecía su trabajo en los ranchos a cambio de comida y donaba sangre para pagar su estancia en los lugares donde se quedaba. Era un espíritu libre y, quizás, estaba un poco loco.

En 1972, Suzuki necesitaba otra aventura. Había regresado a Japón después de sus viajes y en su país encontró asfixiantes sus estrictas normas culturales y su jerarquía social. Odiaba la escuela. No podía mantener un trabajo. Quería estar de vuelta en la aventura, a su propio paso.

Para Suzuki, la leyenda de Hiroo Onoda le llegó como una respuesta a sus inquietudes. Significaba una aventura nueva e importante y le atraía perseguirla. Suzuki creía que él sería el que finalmente hallaría a Onoda. Seguro, muchos equipos de búsqueda, promovidos por los gobiernos de Japón, Filipinas y Estados Unidos, habían fracasado en ese objetivo; las autoridades policiales del lugar habían barrido la jungla por casi 30 años sin suerte, miles de folletos no consiguieron nada, pero, ¡qué carajos!, este vago, desertor y *hippie* sería quien lo encontrara.

Desarmado, sin entrenamiento para cualquier forma de reconocimiento o táctica de guerra, o para la lucha armada, Suzuki viajó a Lubang y comenzó a deambular solo por la jungla. ¿Su estrategia? Gritar muy fuerte el nombre de Onoda y decirle que el emperador estaba preocupado por él.

Lo halló en cuatro días.

Suzuki permaneció en la selva con Onoda durante una temporada. Para ese momento, el legendario teniente había estado solo más de un año, y luego de encontrarse con Suzuki, agradeció su compañía y manifestó su desesperación por saber qué había ocurrido en el mundo exterior, desde una perspectiva japonesa en la que podía confiar. Los dos hombres se convirtieron en algo parecido a ser amigos.

Suzuki le preguntó a Onoda por qué había decidido quedarse y continuar la guerra. El soldado lo explicó con sencillez: recibió la orden de "nunca rendirse", así que se mantuvo al pie del cañón. Durante casi 30 años simplemente permaneció siguiendo una orden. Entonces, Onoda le preguntó a Suzuki por qué un "muchacho *hippie*" como él decidió ir a buscarlo. Suzuki contestó que había dejado Japón en búsqueda de tres cosas: "El teniente Onoda, un oso panda y el abominable hombre de las nieves, en ese orden".

Ambos hombres habían convergido por las más curiosas circunstancias: dos aventureros bien intencionados persiguiendo falsas visiones de la gloria, como un don Quijote y un Sancho Panza de la vida real, reunidos en los húmedos resquicios de una selva filipina; ambos imaginándose como héroes en su soledad, sin hacer nada. Para ese entonces, Onoda ya había dedicado la mayor parte de su vida a una guerra fantasma. Suzuki también daría la suya. Habiendo encontrado a Hiroo Onoda y al oso panda, murió años después en el Himalaya, aun buscando al abominable hombre de las nieves.

Los humanos a veces eligen dedicar grandes porciones de su vida a lo que parecieran causas destructivas o inútiles. En la superficie, dichas causas no tienen sentido. Es difícil imaginar cómo Onoda podía ser feliz en aquella isla durante esos 30 años, viviendo de insectos y roedores, durmiendo en la suciedad y asesinando civiles, década tras década. O por qué Suzuki caminó hacia su propia muerte, sin dinero ni compañía, y sin otro propósito que el de perseguir un Yeti imaginario.

Sin embargo, en sus últimos años, Onoda dijo que no se arrepentía de nada. Él afirmaba que estaba orgulloso de sus decisiones y del tiempo que había pasado en Lubang. Señalaba que había sido un honor dedicar gran parte de su vida al servicio de un imperio inexistente. De haber sobrevivido, Suzuki probablemente habría señalado algo similar: que estaba haciendo exactamente lo que el destino le dictaba, que no se arrepentía de nada.

Estos dos hombres escogieron cómo querían sufrir. Hiroo Onoda eligió sufrir por lealtad a un imperio muerto. Suzuki decidió sufrir por la aventura, independientemente de lo desaconsejable de sus actos. Para ambos, su sufrimiento *significó* algo: cumplía una causa mayor. Justamente porque significaba algo, fueron capaces de soportarlo, o quizás, incluso, de disfrutarlo.

Si el sufrimiento es inevitable, si nuestros problemas en la vida son ineludibles, entonces la pregunta que nos deberíamos plantear no es "¿cómo dejo de sufrir?" sino "*¿por qué* estoy sufriendo, con qué propósito?

Hiroo Onoda regresó a Japón en 1974 y ahí se convirtió en una celebridad. Lo llevaban de entrevistas de televisión a las de radio, los políticos ansiaban estrechar su mano, incluso publicó un libro y el gobierno le ofreció una gran suma de dinero.

Pero lo que encontró al regresar a su patria lo horrorizó: una cultura consumista, capitalista y superficial que había perdido todas las tradiciones de honor y sacrificio sobre las que su generación fue criada.

Onoda trató de utilizar su súbita fama para restablecer los valores del viejo Japón, pero ya no comprendía a la nueva sociedad. Era visto más como una obra maestra que como un pensador cultural serio, un hombre japonés que emergió de una cápsula del tiempo para maravilla de todos, igual que una reliquia en un museo.

Y en la ironía de las ironías, Onoda se deprimió más de lo que jamás había experimentado durante todos los años que vivió en la selva. Al menos en este sitio hostil su vida había valido algo, había significado algo; esto hacía que su sufrimiento fuera soportable, incluso ligeramente deseable. Pero de vuelta en Japón, en lo que ahora consideraba él una nación vana, llena de *hippies* y mujeres libertinas vestidas al estilo occidental, se enfrentó a una verdad inevitable: que su lucha no había valido para nada. El Japón por el que había vivido y combatido, ya no existía. El peso de esta comprensión lo atravesó como ninguna bala jamás pudo hacerlo. Porque su sufrimiento no había significado nada; de pronto se dio cuenta de la verdad: había desperdiciado 30 años.

Tanto le afectó a Onoda lo anterior, que recogió sus cosas y se mudó a Brasil, donde permaneció hasta su muerte.

La cebolla de la autoconciencia

La conciencia de uno mismo es como una cebolla. Posee múltiples capas y mientras más las peles, hay más probabilidades de que comiences a llorar en momentos inapropiados.

Digamos que la primera capa de la cebolla de la autoconciencia es una simple comprensión de las propias emociones. "En este momento me siento feliz". "Esto me pone triste". "Esto me da alegría".

Por desgracia, existen muchas personas que son malísimas para ser conscientes de sí mismas en éste, el nivel más básico. Lo sé porque soy una de ellas. Mi esposa y yo a veces mantenemos una divertida conversación que va más o menos así:

ELLA. ¿Te sucede algo malo?

Yo. No, todo está bien. No ocurre nada.

ELLA. No, algo está mal. Cuéntame.

Yo. Estoy bien, en serio.

ELLA. ¿Seguro? Pareces irritado.

Yo [riéndome nerviosamente]. ¿En serio? No, estoy bien; en serio.

[*Treinta minutos después…*]

Yo. ¡Y por eso estoy tan encabronado!, él simplemente actúa como si yo no existiera la mitad del tiempo.

Todos tenemos puntos ciegos emocionales. A menudo tienen que ver con las emociones que nos enseñaron que eran inapropiadas cuando estábamos creciendo. Lleva años de práctica y esfuerzo volverse bueno para identificar esos puntos ciegos en nosotros mismos y luego expresar las emociones involucradas de manera apropiada. Pero esta tarea es muy importante y bien vale la pena el esfuerzo.

La segunda capa de la cebolla de la autoconciencia es la habilidad de preguntar por qué sentimos ciertas emociones.

Estas preguntas del *por qué* son difíciles y por lo general lleva meses o incluso años contestarlas con precisión y de manera consistente. Muchas personas requieren acudir a algún tipo de terapia sólo para escuchar esas cuestiones por primera vez. Dichas preguntas son importantes porque iluminan lo que consideramos éxito o fracaso. ¿Te sientes molesto? ¿Será porque fallaste en lograr alguna meta? ¿Por qué te sientes letárgico y sin inspiración? ¿Será porque no crees estar suficientemente realizado?

Este nivel de cuestionamiento nos ayuda a entender la causa raíz de las emociones que nos abruman. Una vez que entendemos ese origen, idealmente podemos hacer algo para cambiarlo.

Pero aquí va otra capa de la cebolla de la autoconciencia, aún más profunda. Y esa está llena de muchas lágrimas. La tercera capa son nuestros valores personales. *¿Por qué* considero esto un éxito/fracaso? ¿Cómo estoy eligiendo evaluarme a mí mismo? ¿Bajo qué estándar me juzgo a mí y a quienes me rodean?

Este nivel, que requiere constante cuestionamiento y esfuerzo, es muy difícil de alcanzar. Pero es el más importante, porque nuestros valores determinan la naturaleza de nuestros problemas y la naturaleza de nuestros problemas determina la calidad de nuestras vidas.

Los valores determinan todo lo que somos y hacemos. Si lo que valoramos es poco útil, si lo que consideramos un éxito/fracaso es elegido con mediocridad, entonces todo lo que esté basado en esos valores —los pensamientos, las emociones, los sentimientos del día a día— estará fuera de control. Todo lo que pensamos y sentimos sobre una situación, se reduce a qué tan valiosa la percibimos.

La mayoría de las personas son malísimas para contestar con precisión estas preguntas de *por qué* y esto les impide alcanzar un conocimiento más profundo sobre sus propios valores. Cierto, *dirán* que valoran la honestidad y a un amigo verdadero, pero luego dan la vuelta y mienten sobre uno a sus espaldas para sentirse mejor con sí mismos. Pero cuando se preguntan *por qué* se sienten solos, tienden a encontrar formas de culpar a otros —todos los demás son malos o nadie es tan *cool* o inteligente como para comprenderlos—, y así continúan evadiendo su problema en lugar de esforzarse por resolverlo.

Para mucha gente, esto significa la conciencia de sí misma. Sin embargo, si fueran capaces de mirar con más profundidad sus valores subyacentes, verían que su análisis original se basaba en evadir la responsabilidad de su propio problema, más que identificar con precisión ese mismo problema. Notarán que sus decisiones estaban basadas en perseguir un bienestar efímero, no en generar verdadera felicidad.

Muchos gurús de la autoayuda también ignoran este nivel (más profundo) de la autoconciencia. Seleccionan gente que se siente miserable porque quiere ser millonaria y luego le dan toda clase de consejos sobre cómo hacer más dinero, ignorando todo ese tiempo las preguntas importantes acerca de los valores de dichas personas: para empezar, *¿por qué* sientes esta gran necesidad de ser millonario? ¿Cómo pretenden medir su nivel de éxito/fracaso? ¿No será, acaso, que algún valor en particular es el origen de su infelicidad y no el hecho de que aún no están conduciendo un Bentley?

Muchosconsejos que rondan allá afuera operan en un nivel superficial, el de sencillamente tratar de hacer a la gente sentirse bien en el corto plazo, mientras los verdaderos problemas a largo plazo nunca se resuelven. Las percepciones de las personas y los sentimientos pueden cambiar, pero los valores subyacentes y los parámetros bajo los que éstos son evaluados se mantienen igual. No hay un progreso real. Ésta es sólo otra forma de sentirse bien temporalmente.

El autocuestionamiento honesto es difícil de lograr. Requiere que nos formulemos simples preguntas incómodas de contestar. De hecho, en mi experiencia, mientras más incómoda es la respuesta, más se acercará a ser verdadera.

Tómate un momento y piensa en algo que en realidad te esté molestando. Ahora pregúntate *por qué* te molesta. Seguramente la respuesta involucrará un fracaso de algún tipo. Entonces considera este fracaso y pregúntate *por qué* te parece cierto. ¿Qué tal que ese fracaso en realidad no era un fracaso? ¿Qué tal que lo has estado viendo desde la perspectiva equivocada?

Un ejemplo reciente, de mi propia vida:

> "Me molesta que mi hermano no conteste mis mensajes de texto o de correo".
>
> *¿Por qué?*
>
> "Porque me hace sentir como si le importara un carajo".
>
> *¿Por qué te parece cierto esto?*
>
> "Porque si él quisiera mantener una relación conmigo, tomaría 10 segundos de su día para interactuar conmigo".
>
> *¿Por qué su falta de relación contigo te parece un fracaso?*
>
> "Porque somos hermanos, ¡se supone que deberíamos tener una buena relación!"

Aquí hay dos cosas que operan: un valor que me es importante y un parámetro que uso para evaluar el progreso respecto de ese valor. Mi valor: los hermanos deberían tener una buena relación entre ellos. Mi parámetro: estar en contacto por teléfono o correo, así es como mido mi éxito como hermano. Al aferrarme a este modo de calificar las cosas, me hago sentir como un fracasado, lo que ocasionalmente arruina mis domingos por la mañana.

Incluso podríamos cavar más profundo, repitiendo el proceso:

> *¿Por qué se supone que los hermanos deben tener una buena relación?*

"Porque somos familia, ¡y la familia debe estar unida!"

¿Por qué te parece cierto esto?

"¡Porque tu familia debería importarte más que nadie!"

¿Por qué te parece cierto esto?

"Porque estar unido con tu familia es 'normal' y 'sano', y yo no tengo eso".

En este intercambio, soy claro sobre mi valor subyacente —tener una buena relación con mi hermano—, pero aún estoy luchando con mi parámetro. Le daré otro nombre, "unidad", pero la forma de medir en realidad no ha cambiado: sigo juzgándome como hermano con base en la frecuencia de mi contacto, y comparándome —usando ese parámetro— con otras personas que conozco. Todos los demás (o eso parece) mantienen una relación muy unida con los miembros de sus familias y yo no. Así que, obviamente, debe haber algo mal en mí.

¿Pero qué tal que estoy utilizando un parámetro mediocre para mí mismo y para mi vida? ¿Qué más podría ser cierto? Bueno, quizá no necesito estar unido con mi hermano para tener una buena relación, una que yo valore. Quizá sólo debe existir un respeto mutuo (lo hay). O quizá la confianza recíproca es lo que hay que buscar (ahí está). Quizás estos parámetros serían mejores evaluaciones de la fraternidad, más que el número de mensajes de texto que intercambiemos.

Lo anterior tiene mucho sentido; a mí me parece cierto. Pero aún duele que mi hermano y yo no seamos unidos. Y no existe una forma positiva de darle la vuelta. No hay

una manera secreta de glorificarme a través de este conocimiento. A veces, los hermanos —incluso los que se quieren— no tienen relaciones cercanas, y está bien. Es difícil
aceptarlo al principio, pero está bien. Lo que es objetivamente cierto sobre tu situación no es tan importante como
la manera en que la percibes, como el modo en que decides
medirla y valorarla. Los problemas serán inevitables pero
el *significado* de cada problema no lo es. Nosotros podemos controlar lo que nuestros problemas significan basán-
donos en cómo decidimos pensar en ellos, el estándar bajo
el que elegimos medirlos.

Problemas de estrella de rock

En 1983, un talentoso y joven guitarrista fue echado de su
banda de la peor manera posible. El grupo había logrado
cerrar recientemente un contrato con un sello musical y
estaba por grabar su primer álbum. Pero un par de días
antes del inicio de las grabaciones, la agrupación le mostró
la puerta al guitarrista, sin advertencia, sin discusiones, sin
dramas; literalmente lo despertaron un día con el boleto de
autobús de regreso a casa.

Durante su trayecto de Nueva York a Los Ángeles, el
guitarrista se preguntaba a sí mismo: "¿Cómo sucedió esto?
¿Qué hice mal? ¿Qué haré ahora? Los contratos para un
disco no caen exactamente del cielo, en especial para las
bandas metaleras estridentes que recién comienzan". ¿Había perdido su única oportunidad?

Para cuando el autobús llegó a Los Ángeles, el músico
despedido había superado su autocompasión y se juró ini-

ciar un nuevo grupo. Decidió que éste sería tan exitoso, que sus viejos compañeros se arrepentirían por siempre de haberlo corrido. Se volvería tan famoso que estarían condenados por décadas a verlo en televisión, escucharlo en la radio, mirarlo en espectaculares por las calles y en revistas especializadas. Acabarían sus vidas como dependientes en alguna cadena de comida rápida, llenando camionetas con su mediocre equipo; se pondrían gordos y borrachos, tendrían esposas horribles mientras él estaría *rockeando* en conciertos en vivo, en estadios repletos de gente, transmitidos por televisión. Se bañaría en el llanto de sus traidores, les secaría cada lágrima con billetes nuevecitos y crujientes de 100 dólares.

Y así, el guitarrista trabajó como si hubiera sido poseído por un demonio musical. Dedicó meses a reclutar a los mejores músicos que pudo encontrar, mucho mejores que sus antiguos colegas. Escribió docenas de canciones y practicaba con religiosidad. Su ira hirviente avivaba su ambición: la venganza se convirtió en su musa. En el transcurso de algunos años, su nueva agrupación logró cerrar un contrato y 12 meses después su primer álbum alcanzó el oro.

El nombre de este guitarrista es Dave Mustaine y el grupo que formó fue la legendaria banda de heavy metal Megadeth, la cual lograría vender más de 25 millones de álbumes y realizaría varias giras mundiales. Mustaine es hoy considerado como uno de los músicos más brillantes e influyentes en la historia de la música de ese género.

Desafortunadamente, la banda de la que lo echaron se llama Metallica, que ha vendido más de 180 millones de álbumes en el orbe. Dicha agrupación es considerada por muchos como una de las bandas de rock más grandes de todos los tiempos.

Por esa razón, en 2003, en una rara e íntima entrevista, un Mustaine con ojos acuosos admitió que no podía evitarlo, seguía considerándose a sí mismo como un fracaso. A pesar de todo lo que logró, en su mente siempre sería el chico al que botaron de Metallica.

Somos monos. Nos creemos muy sofisticados con nuestros hornos tostadores y zapatos de diseñador, pero sólo somos un grupo de monos finamente vestidos. Y porque somos monos, de manera instintiva nos medimos a nosotros mismos contra otros y vivimos para el estatus. La cuestión no es si nos evaluamos contra otros, en realidad, la pregunta es: ¿bajo qué estándar nos medimos a nosotros mismos?

Dave Mustaine, tanto si se dio cuenta o no, eligió evaluarse bajo la perspectiva de si era o no más exitoso y popular que Metallica. La experiencia de ser botado de su antigua banda resultó tan dolorosa para él que adoptó "el éxito relativo a Metallica" como el parámetro bajo el cual evaluarse él y su carrera musical.

A pesar de retomar un evento horrible en su vida y sacarle algo positivo —como hizo Mustaine con Megadeth—, su elección de aferrarse al éxito de Metallica como el parámetro sobre el cual definir su vida continuó lastimándolo décadas después. A pesar de todo el dinero que ha conseguido, todas las admiradoras y todos los elogios, él aún se consideró un fracaso.

Ahora bien, tú y yo podemos ver la situación de Dave Mustaine y reírnos. Tenemos a un tipo con millones de dólares, cientos de miles de fanáticos que lo idolatran, una carrera que ama y *todavía* se pone a llorar porque sus compañeritos rockeros de hace 20 años son más famosos que él.

Esto es porque tú y yo poseemos valores diferentes a los de Mustaine y nos evaluamos bajo distintos parámetros. Nuestras medidas son probablemente más del tipo "No quiero trabajar para un jefe que odio" o "Me gustaría ganar suficiente dinero para enviar a mi hijo a una buena escuela" o "Sería feliz si no tuviera que dormir en las calles". Y bajo estos parámetros, Mustaine es salvajemente, inimaginablemente, exitoso. Pero bajo *sus* criterios —"Ser más popular y exitoso que Metallica"— él es un fracaso.

Nuestros valores determinan los parámetros bajo los cuales nos evaluamos a nosotros y a los demás. El valor de lealtad de Onoda al imperio japonés es lo que lo mantuvo con vida en Lubang por casi 30 años, pero este mismo valor es asimismo lo que lo hizo miserable a su regreso a Japón. El parámetro de Mustaine de ser mejor que Metallica de seguro le ayudó a iniciar una carrera musical increíblemente exitosa, pero esa misma métrica lo torturó más tarde, a pesar de su éxito.

Si quieres cambiar la forma en la que percibes tus problemas, tienes que modificar lo que valoras y/o cómo mides ese éxito/fracaso.

Como ejemplo, veamos otro músico que también fue echado de otra banda. Su historia extrañamente hace eco con la de Dave Mustaine, aunque ésta sucedió dos décadas antes.

Era 1962 y había mucho ruido sobre un grupo emergente de Liverpool, Inglaterra. Dicha agrupación tenía cortes de cabello graciosos y un nombre aún más simpático, pero su propuesta musical era innegablemente buena y la industria de la música por fin se daba cuenta de ello.

Lo integraban John, el cantante principal y compositor; Paul, el bajista romántico con cara de niño, y George, el guitarrista rebelde. Luego se les unió el baterista.

Él estaba considerado como el más guapo del grupo, todas las niñas se volvían locas por él y su rostro fue el primero que empezó a aparecer en las revistas. Él también era el miembro más profesional del grupo. No le entraba a las drogas. Tenía una novia seria. Incluso gente bien, de esa de traje y corbata, creía que él debía ser la cara de la banda, no John o Paul.

Su nombre era Pete Best. Y en 1962, después de lograr su primer contrato de grabación, los otros tres miembros de los Beatles silenciosamente se reunieron y le pidieron a su representante, Brian Epstein, que lo despidiera. Epstein sufrió con la decisión, Pete le caía bien, así que la fue aplazando, con la esperanza de que los otros tres chicos cambiaran de opinión.

Meses posteriores, unos tres días después de haberse iniciado la grabación de su primer álbum, Epstein finalmente llamó a Best a su oficina. Ahí, el representante, sin grandes ceremonias, le pidió que se largara y encontrara otra banda. No le dio razones, explicaciones ni condolencias, sólo le dijo que los otros tipos lo querían fuera del grupo, así que, bueno, pues mucha suerte.

Como reemplazo, la banda invitó a un bicho raro llamado Ringo Starr. Ringo era mayor y tenía una nariz chistosa y enorme. Aceptó usar el mismo corte horrible de cabello que John, Paul y George e insistió en escribir canciones sobre pulpos y submarinos. Los otros dijeron: "Al carajo, ¿por qué no?"

En los seis meses que siguieron al despido de Best, la beatlemanía estalló, y las caras de John, Paul, George y del Pete Ringo se convirtieron —posiblemente— en las más famosas del planeta.

Mientras tanto, Best se sumió de manera comprensible en una profunda depresión y dedicó mucho tiempo a hacer lo que cualquier inglés hará si le das una razón: beber.

El resto de los años sesenta no fue amable con Pete Best. Para 1965 ya había demandado a dos de los Beatles por calumnia y todos sus otros proyectos musicales fracasaron en forma terrible. En 1968 intentó suicidarse, pero su madre lo convenció de no hacerlo. Su vida era un naufragio.

Best no tuvo la misma historia de redención que Dave Mustaine. Nunca se convirtió en una superestrella global ni hizo millones de dólares. Sin embargo, de varias maneras, Best terminó mejor que Mustaine. En una entrevista en 1994, dijo: "Estoy más feliz de lo que habría sido con los Beatles".

¿Qué carajos?

Best explicó que las circunstancias que lo marginaron de los Beatles al final propiciaron que conociera a su esposa. Y luego su matrimonio lo llevó a tener hijos. Sus valores cambiaron. Pete empezó a evaluar su vida de manera diferente. La fama y la gloria hubieran sido agradables, seguro, pero él decidió que lo que ahora tenía era más importante: una familia grande y unida, un matrimonio estable, una vida sencilla. Incluso llegó a dar conciertos como baterista; realizó giras por Europa y grabó discos hasta bien entrados los años dos mil. Entonces, ¿qué perdió? Solamente mucha atención y adulación, pero lo que ganó significó mucho más para él.

Estas historias sugieren que algunos valores y parámetros son mejores que otros. Algunos llevan a buenos problemas que son fácil y regularmente resueltos. Otros conducen a problemas malos que no son ni fácil ni regularmente resueltos.

Valores mediocres
Existe un puñado de valores comunes que crean verdaderos problemas a la gente, problemas que difícilmente se pueden resolver. Repasémoslos:

1. *Placer*. El placer es estupendo, pero es un valor terrible como para que tu vida gire alrededor de él. Pregúntale a cualquier drogadicto cómo le ha ido con esta búsqueda del placer. Pregúntale a una adúltera que humilló a su familia y perdió a sus hijos si, después de todo, el placer la hizo feliz. Pregúntale a un hombre que casi se comió

a sí mismo hasta matarse si el placer le ayudó a resolver sus problemas.

El placer es un dios falso. Las investigaciones muestran que la gente que enfoca su energía en placeres superficiales termina más ansiosa, más inestable emocionalmente y más deprimida. El placer es la forma más superficial de satisfacción vital y por ello es la más fácil de obtener y la más fácil de perder.

Sin embargo, nos venden el placer las 24 horas del día. Es nuestra obsesión. Es lo que usamos para desensibilizarnos y distraernos. Pero este placer, aunque sea necesario en la vida (en ciertas dosis), no es, en sí mismo, suficiente.

El placer no es la causa de la felicidad; más bien es el efecto. Si haces todo lo demás bien (los otros valores y parámetros), entonces el placer ocurrirá naturalmente, derivará de esto.

2. *Éxito material*. Muchas personas miden su valía personal basándose en qué tanto dinero ganan, qué tipo auto manejan o si su patio de enfrente es más verde y más bonito que el de su vecino.

Los estudios demuestran que toda vez que uno es capaz de satisfacer las necesidades físicas básicas (comida, techo y demás), la correlación entre la felicidad y el éxito mundano rápidamente alcanza el cero. Si te estás muriendo de hambre y vives en la calle, a la mitad de la India, un extra de 10 000 dólares al año afectaría mucho tu felicidad. Pero si te encuentras cómodamente dentro de la clase media de un país desarrollado, un extra de 10

000 dólares anuales no afectará mucho, lo cual significa que te estás matando trabajando horas extras y fines de semana para, básicamente, nada.

El otro problema de sobrevalorar el éxito material es el peligro de priorizarlo sobre otros valores, como la honestidad, la no violencia y la compasión. Cuando la gente se mide, no por su comportamiento sino por los símbolos de estatus que va coleccionando, no solamente es superficial, probablemente también sea cabrona.

3. *Siempre tener la razón.* Nuestros cerebros son máquinas ineficientes. De manera constante asumimos mal, juzgamos equivocadamente las probabilidades, recordamos mal los hechos, nos sesgamos cognitivamente y tomamos decisiones con base en nuestros caprichos emocionales. Como humanos, regularmente permanecemos muy equivocados, así que, si tu parámetro para evaluar el éxito en la vida consiste en tener la razón, bueno, te costará mucho trabajo reflexionar todas esas patrañas.

El hecho es que las personas que basan su valor personal en tener siempre la razón, no se permiten aprender de sus errores; les falta habilidad para comprender nuevas perspectivas y coincidir con otros; se cierran a información nueva e importante.

Es mucho más útil asumir que eres ignorante y que no sabes mucho. Eso te mantiene libre de creencias mediocres y promueve un estado constante de aprendizaje y crecimiento.

4. *Mantenerse positivo*. Luego vienen aquellos que miden sus vidas respecto de su habilidad de ser positivos, básicamente, en la mayoría de las cosas. ¿Perdiste tu trabajo? ¡Genial, ahora tienes la oportunidad de explorar tus pasiones! ¿Tu esposo te engañó con tu hermana? Bueno, por lo menos ya sabes lo que le importas a los demás. ¿Tu hijo se está muriendo de cáncer de garganta? ¡Al menos ya no tendrás que pagarle la universidad! A pesar de que algo tiene de bueno el "verle el lado amable a todo", la verdad es que a veces la vida apesta y lo más sano que puedes hacer es admitirlo.

Negar las emociones negativas desemboca en experimentar emociones negativas más profundas y más prolongadas, así como a la disfunción emocional. Un constante estado de positivismo es una forma de evasión, no una solución válida a los problemas de la vida, mismos que, por cierto, si estás eligiendo los parámetros correctos y los valores adecuados, deberían estar llenándote de energía y motivándote.

Es así de sencillo, en serio: las cosas van mal, la gente nos irrita, los accidentes ocurren. Estos asuntos nos hacen sentir fatal. Y está bien. Las emociones negativas son un componente necesario de la salud emocional. Negar esa negatividad es *perpetuar* los problemas en vez de resolverlos.

El truco con las emociones negativas es: 1) expresarlas de una manera socialmente aceptable y de forma sana, y 2) manifestarlas de un modo que se alinee con nuestros valores. Un ejemplo sencillo: un valor mío es la no violencia, medida bajo los criterios de no pegar, de modo que, si me pongo furioso contra alguien, expresaré esa ira, pero sin asestarle un puñetazo en la cara. Una idea radical, lo sé. Pero la ira no es el problema. La ira es natural. La ira es una parte de la vida. La ira es muy sana en muchas situaciones (recuerda, las emociones son sólo retroalimentación).

¿Ves? El problema es pegarle en la cara a la gente, no la ira. La ira es meramente el mensajero de mi puño en tu rostro. No le eches la culpa al mensajero. Culpa a mi puño (o a tu cara).

Cuando nos forzamos por mantenernos positivos todo el tiempo, negamos la existencia de los problemas en nuestra vida. Y cuando negamos nuestros problemas, nos robamos la oportunidad de resolverlos y generar felicidad. Los problemas le agregan una sensación de significado e importancia a nuestra vida. De modo que agacharte para evitarlos es llevar una existencia sin sentido (incluso si en apariencia es placentera).

En el largo plazo, completar un maratón nos hace más felices que comernos un pastel de chocolate. Criar un niño nos hace más felices que ganar un videojuego. Empezar un pequeño negocio con amigos y sufrir por llegar a la quincena nos hace más felices que comprar una nueva computadora. Estas actividades son estresantes, arduas y, a veces, desagradables. También requieren ir capoteando problema tras problema; sin embargo, son algunos de los momentos más significativos y de las cosas más dichosas que hare-

mos. Involucran dolor, lucha, incluso enojo y desesperación, pero una vez que las hemos logrado, todos pensare-
mos en ellas con los ojos llenos de lágrimas mientras se las
contamos a nuestros nietos.

Como Freud dijo alguna vez: "Algún día, en retrospectiva, los años de esfuerzo te parecerán los más hermosos".

Por ello, estos valores —el placer, el éxito material, siempre estar en lo correcto, mantenerse positivo— son ideales
mediocres para la vida de una persona. Algunos de los mejores momentos en nuestra vida *no* son placenteros, *no* son
exitosos, *no* son reconocidos y *no* son positivos.

El punto es encontrar buenos valores y parámetros;
como resultado, el placer y el éxito surgirán naturalmente;
éstos son efectos secundarios de los buenos valores. Solos,
son bienestares efímeros.

Definir buenos y malos valores

Los buenos valores: 1) se basan en la realidad, 2) son socialmente constructivos, y 3) son inmediatos y controlables.

Los malos valores: 1) son supersticiosos, 2) son socialmente destructivos, y 3) no son inmediatos o controlables.

La honestidad es un buen valor porque es algo sobre lo
que tienes control completo, refleja la realidad y beneficia
a otros (incluso si en ocasiones es desagradable). La popularidad, por el contrario, es un mal valor. Si éste es tu valor
y tu parámetro es ser la chica o el chico más popular en la
fiesta, mucho de lo que sucede está fuera de tu control: no
sabes quién más asistirá al evento y probablemente no co-

nozcas a la mitad de los asistentes. Segundo, el valor/pará-
metro no se basa en la realidad: podrás sentirte popular o
impopular, cuando el hecho es que no tienes la más remota
idea de lo que los demás en verdad opinan de ti. (*Nota al
margen*: como regla, la gente a la que le aterra lo que otros
piensen de ella, en realidad se aterroriza del reflejo de todas
las cosas horribles que piensa sobre sí misma).

Algunos ejemplos de valores sanos y buenos son: la honestidad, la innovación, la vulnerabilidad, defenderse a sí
mismo, defender a otros, respetarse a sí mismo, la curiosidad, la caridad, la humildad y la creatividad.

Algunos ejemplos de valores malos y enfermizos son:
ser dominante a través de la manipulación o la violencia, el
sexo indiscriminado, sentirse bien todo el tiempo, siempre
ser el centro de atención, no estar solo, caerle bien a todo
el mundo, ser rico sólo por ser rico y sacrificar animales
pequeños a los dioses paganos.

Te darás cuenta de que los valores buenos y sanos se
alcanzan de manera interna. Algo como la creatividad o
la humildad pueden experimentarse en este mismo momento. Simplemente tienes que orientar tu mente de cierto modo para conseguirlo. Estos valores son inmediatos y
controlables, y te involucran con el mundo como es, en vez
de cómo quisieras verlo tú.

Los malos valores por lo general dependen de eventos
externos: viajar en un jet privado, que alguien siempre te
diga que tienes la razón, poseer una casa en las Bahamas,
comer tiramisú mientras tres *strippers* juguetean sobre tu
cuerpo. Los malos valores, aunque a veces sean diverti-

dos o placenteros, están fuera de tu control y a menudo requieren de medios destructivos o supersticiosos para lograrlos.

Los valores giran alrededor de la priorización. A *todos* nos gustaría comernos un tiramisú o tener una casa en las Bahamas. La cuestión aquí son tus prioridades. ¿Cuáles son los valores a los que les das prioridad sobre todo lo demás y que, por ende, influencian tu capacidad de decisión más que cualquier otra cosa?

El valor más alto de Hiroo Onoda era la lealtad y el servicio totales al imperio japonés. Este valor, en caso de que no te hayas dado cuenta durante la lectura, apestaba más que un rollo podrido de sushi. Le causó verdaderos problemas a Hiroo —por mencionar algunos, se quedó varado en una isla remota donde sobrevivió a costa de comer bichos y gusanos durante 30 años. Ah, y también se sentía impelido a asesinar civiles inocentes. Así que a pesar del hecho de que Hiroo se percibía como un éxito y a pesar de que estableció sus propios parámetros, creo que todos podemos estar de acuerdo en que su vida apestaba—; ninguno de nosotros intercambiaría papeles con él si nos dieran la oportunidad, ni aplaudiríamos sus acciones.

Dave Mustaine alcanzó gran fama y gloria, y todo el tiempo se sintió como un fracasado. Esto obedece a que adoptó un valor mediocre basado en una comparación arbitraria del éxito de los demás. Dicho valor le generó problemas como "Tengo que vender 150 millones de álbumes; cuando lo consiga, *entonces* todo estará bien" y "Mi próxima gira necesita llenar todos los estadios donde me

presente", problemas que él pensó que necesitaba resolver
para ser feliz. No sorprende que no lo fuera.

Por el contrario, Pete Best dio un cambiazo. A pesar de
estar deprimido y enloquecido por haber sido expulsado
de los Beatles, conforme se hizo adulto aprendió a *repriori-
zar* lo que le importaba y fue capaz de evaluar su vida bajo
una nueva luz. Gracias a esto, se convirtió en un viejecito
feliz y saludable, con una vida sencilla y una gran familia;
cosas por las que, irónicamente, los cuatro Beatles dedica-
ron décadas de esfuerzo a conseguir y mantener.

Cuando tenemos valores mediocres —es decir, estándares mediocres que nos establecemos a nosotros y a los demás—, esencialmente le otorgamos importancia a las cosas
que no lo valen, a las cosas que, de hecho, empeoran nuestra vida. Pero cuando elegimos mejores valores, somos capaces de dirigir nuestra atención hacia algo mejor, hacia las
cosas que importan, el tipo de cosas que mejoran nuestro
estado de bienestar y que generan efectos secundarios de
felicidad, placer y éxito.

Esto, en resumidas cuentas, es de lo que trata la "mejora
personal": priorizar mejores valores, elegir cosas mejores
a las que darles nuestra atención. Porque cuando lo haces,
tienes mejores problemas. Y cuando tienes mejores problemas, tienes una mejor vida.

El restante contenido de este libro está dedicado a cinco valores disruptivos que considero son los valores más
benéficos que uno puede adoptar. Todos siguen la Ley de
Retrocesión de la que hablamos con anterioridad, ya que
todos se presentan desde una perspectiva "negativa". To-

dos invitan a *enfrentar* nuestros problemas más profundos, en lugar de evadirlos con bienestares efímeros. Estos cinco valores son poco convencionales e incómodos. Pero, para mí, son capaces de cambiar una vida.

El primero, que conoceremos en el siguiente capítulo, es una forma radical de responsabilidad: aceptar la responsabilidad por cada cosa que sucede en tu vida, sin importar de quién es la culpa. El segundo es la incertidumbre: el reconocimiento de tu propia ignorancia y el cultivo de la duda constante en tus propias creencias. El siguiente es el fracaso: la disposición de descubrir tus propias fallas y errores de modo que puedan ser mejorados. El cuarto valor es el rechazo: la habilidad de escuchar y de decir no, de manera que definas con claridad lo que aceptarás y lo que rechazarás en tu vida. El valor final es la contemplación de la propia mortalidad; éste es crucial, porque mantener una atención constante sobre la propia muerte es quizá la única cosa capaz de ayudarnos a mantener nuestros otros valores en la perspectiva apropiada.

5

Siempre decides algo

magina que alguien te pone una pistola en la cabeza y te dice que tienes que correr 42 kilómetros en menos de cinco horas, o si no, te matará a ti y a toda tu familia.

Sería horrible.

Ahora imagina que te compraste unos zapatos deportivos y ropa deportiva padrísimos, entrenaste con religiosidad durante meses y completaste tu primer maratón, con tu familia más cercana y tus amigos aplaudiéndote y lanzando vítores en la línea de meta.

Eso podría ser en potencia uno de los momentos de más orgullo en tu vida.

Los mismos 42 kilómetros. Exactamente la misma persona corriéndolos. El mismo dolor recorriéndote las mismas piernas. Pero cuando escogiste libremente y estabas preparado para ello, fue un acontecimiento espléndido e impotente en tu vida. Cuando fue forzado en contra de tu voluntad, resultó una de las experiencias más atemorizantes y dolorosas de tu existencia.

A veces, la única diferencia entre un problema doloroso o sentirte con poder es la percepción de que *nosotros escogimos*, que somos responsables de ello.

Si tu situación actual te hace sentir miserable, de seguro se debe a que consideras que alguna parte de él está fuera de tu control, que existe un problema y que no tienes la habilidad para resolverlo, un problema que te lanzaron sin que tuvieras elección.

Cuando sentimos que elegimos nuestros problemas, nos sentimos con poder. Cuando pensamos que los problemas nos cayeron contra nuestra voluntad, nos sentimos victimizados y miserables.

La elección

William James tenía problemas. Problemas de verdad muy malos.

A pesar de haber nacido dentro de una familia rica y prominente, desde su nacimiento sufrió problemas de salud de vida o muerte: una afección en un ojo que lo dejó temporalmente ciego en su niñez, una terrible condición estomacal que le causaba vómitos excesivos y lo forzó a adoptar un oscuro y selectivo régimen alimenticio, problemas con su audición, espasmos musculares de espalda tan fuertes que por días enteros no le permitían sentarse o mantenerse erguido.

Debido a esos padecimientos, James pasaba la mayor parte de su tiempo en casa. No tenía muchos amigos y no era particularmente bueno para la escuela. En vez de ello, pasaba sus días pintando, eso era lo único que le gustaba y lo único en lo que se sentía de verdad bueno.

Por desgracia nadie más pensaba que era bueno pintando.

Cuando llegó a la edad adulta, nadie compró su arte y conforme pasaron los años su padre (un empresario millonario) empezó a ridiculizarlo por su pereza y su falta de talento.

Mientras tanto, su hermano menor, Henry James, se convirtió en un novelista mundialmente aclamado y su hermana Alice James también lograría un nombre como escritora. William era el bicho raro de la familia, la oveja negra.

En un intento desesperado por salvar el futuro del joven, su padre recurrió a sus contactos comerciales para que William fuera admitido en la Facultad de Medicina de Harvard. Era su última oportunidad, le dijo su progenitor; si la echaba a perder, no habría esperanza para él.

PeroWilliam nunca se sintió como en casa ni en paz en Harvard. La medicina nunca le atrajo, todo ese tiempo se sintió un impostor y un fraude. Después de todo, si él no podía superar sus propios problemas, ¿cómo podría esperar tener la energía para ayudar a los demás con los suyos? Un día, después de dar una vuelta por el área de psiquiatría, James escribió en su diario que sentía que tenía más en común con los pacientes que con los doctores.

Así pasaron un par de años, y de nuevo con la desaprobación de su padre, William James dejó la facultad. Pero más allá de lidiar con el peso de la ira de su progenitor, decidió irse lejos: se enlistó en una expedición antropológica a la selva amazónica.

Corría la década de 1860, de modo que los viajes transcontinentales eran difíciles y peligrosos. Si alguna vez jugaste *Pioneros* cuando eras niño, esto era un poco como este pasatiempo, con todo y la disentería, los bueyes ahogados y todo aquello.

Y así, William James llegó al Amazonas, donde comenzaría la aventura real. Sorprendentemente, su frágil salud se sostuvo durante el trayecto, pero una vez ahí, durante el primer día de la expedición, de inmediato contrajo viruela y casi muere en la selva.

Entonces regresaron sus espasmos musculares, tan dolorosos que no le permitían caminar. Ya para ese momento, estaba demacrado y famélico por la viruela, inmovilizado por su espalda adolorida, solo, y a la mitad de América del Sur (el resto de la expedición había continuado sin él), sin una idea clara de cómo regresar a casa, un viaje que le llevaría meses y probablemente lo mataría de cualquier forma.

Pero de alguna manera logró regresar a Nueva Inglaterra, donde lo recibió su (aún más) decepcionado padre. Para ese momento el joven ya no era tal, ya rozaba los 30 años, seguía desempleado, fracasaba en todo lo que emprendía, con un cuerpo que de modo rutinario lo traicionaba y no parecía que fuera a mejorar. A pesar de las ventajas y oportunidades que tuvo en la vida, todo se había desmoronado. Las únicas constantes en su existencia parecían ser el sufrimiento y la desilusión. William cayó en una gran depresión y empezó a considerar la idea de quitarse la vida.

Sin embargo, una noche, mientras leía unas conferencias del filósofo Charles Pierce, James decidió realizar un pequeño experimento. En su diario escribió que pasaría un año completo creyendo que era cien por ciento responsable de todo lo que ocurriera en su vida, lo que fuera. Durante ese periodo, haría todo lo que estuviera en su poder para cambiar sus circunstancias, sin importar la probabilidad de fracasar. Si nada mejoraba en ese año, entonces sería obvio que en verdad no tenía poder sobre las circunstancias a su alrededor y entonces se quitaría la vida.

¿Qué pasó al final? William James consiguió convertirse en el padre de la psicología estadounidense. Su trabajo ha sido traducido a todos los idiomas habidos y por haber, y es reconocido como uno de los psicólogos-filósofos-intelectuales más influyentes de su generación. Regresó a Harvard como profesor e impartió conferencias por Estados Unidos, Europa y el mundo. Se casó y tuvo cinco hijos (uno de ellos, Henry, se convirtió en un famoso biógrafo y ganó un premio Pulitzer). Años después, James se referiría a su pequeño experimento como su "renacimiento" y a éste le daría el crédito de *cada* logro sucesivo en su vida.

Hay un simple detalle del que se deriva toda mejora personal y todo crecimiento: la comprensión de que somos, individualmente, responsables de todo en nuestras vidas, sin importar las circunstancias externas.

No siempre controlamos lo que nos sucede, pero *siempre* controlamos cómo interpretamos lo que nos sucede y cómo respondemos a ello.

Ya sea que lo reconozcamos de manera consciente o no, siempre somos responsables de nuestras experiencias. Es imposible no serlo. Elegir *no* interpretar conscientemente los eventos en nuestras vidas es una forma de interpretar los eventos en nuestras vidas. Elegir no responder a los eventos en nuestras vidas es una manera de responder a los eventos en nuestras vidas. Incluso si te atropella un coche lleno de payasos y encima te orinan todos los niños de un camión de escuela, sigue siendo *tu responsabilidad* interpretar el significado del evento y elegir una respuesta.

Nos guste o no, *siempre* adoptamos un papel activo en lo que ocurre dentro de nosotros y a nosotros. Siempre estamos interpretando el significado de cada momento y de cada situación. Siempre elegimos los valores sobre los que nos desenvolvemos y los parámetros con los que evaluamos todo lo que nos sucede. A menudo, un mismo evento puede ser bueno o malo, dependiendo del parámetro que elijamos usar.

El punto es: *siempre* estamos eligiendo, tanto si lo reconocemos como si no. Siempre.

Todo se resume a cómo, en realidad, no existe tal cosa como que te importe un carajo. Es imposible. A todos nos tiene que importar algo. Que te importe un carajo *todo* es darle importancia a *algo*.

Las verdaderas preguntas son: ¿a qué elegimos darle importancia? ¿Sobre qué valores estamos eligiendo basar nuestras acciones? ¿Qué parámetros elegimos para evaluar nuestra vida? ¿Son éstas *buenas* elecciones, *buenos* valores y buenos parámetros?

La falacia de la responsabilidad/culpa

Hace años, cuando era más joven y más estúpido, escribí una entrada en mi blog y al final externé algo así: "Y como alguna vez un gran filósofo dijo: 'Un gran poder conlleva una gran responsabilidad'". Sonaba bien y autoritario. No podía recordar quién lo había dicho y mi búsqueda en Google no regresó nada, pero dejé la cita ahí de cualquier forma, le quedaba bien a la publicación.

Diez minutos después, llegó el primer comentario: "Creo que el gran filósofo al que te refieres es el Tío Ben de la película *El hombre araña*".

Como también otro gran filósofo dijo: "¡Ups!"

"Un gran poder conlleva una gran responsabilidad." Las últimas palabras del tío Ben antes de que un ladrón —al que Peter Parker vio escapar con anterioridad— lo asesinara por alguna razón absolutamente inexplicable, en una banqueta repleta de gente. *Ese* gran filósofo.

De todas formas, todos conocemos la frase. Se repite mucho, por lo general irónicamente y después de siete cervezas. Pero es uno de esos lemas perfectos que de verdad suenan inteligentes y, sin embargo, te dicen lo que básicamente ya sabes, incluso si nunca lo habías considerado antes.

"Un gran poder conlleva una gran responsabilidad."

Es cierto. Pero hay una mejor versión de este concepto; de hecho, es más profunda y todo lo que tienes que hacer es invertir los sustantivos: "Una gran responsabilidad conlleva un gran poder".

Mientras más elijamos aceptar la responsabilidad de nuestras vidas, más poder tendremos sobre ellas. Aceptar la responsabilidad de nuestros problemas es, entonces, el primer paso para resolverlos.

Alguna vez conocí a un hombre que estaba convencido de que la razón por la que ninguna mujer salía con él consistía en que era muy bajito. Era educado, interesante y bien parecido —un buen partido, en principio—, pero tenía la absoluta certeza de que las damas lo rechazaban por su baja estatura.

Y debido a que *él* se sentía demasiado chaparro, casi nunca salía ni trataba de relacionarse con personas del sexo femenino. Las pocas veces que lo hizo, regresaba de inmediato a su casa si la mujer con quien platicaba le hacía entrever que para ella, él no era suficientemente atractivo; entonces se convencía de que no le había agradado, incluso aunque sí le hubiera gustado. Como te puedes imaginar, su vida amorosa apestaba.

No se daba cuenta de que él *mismo* había elegido el valor que lo lastimaba: la estatura. Asumió que las mujeres sólo se sienten atraídas por la altura. Estaba jodido, sin importar lo que hiciera.

Esta elección de valor le quitaba poder, le dio a este hombre un problema de verdad patético: no ser lo suficientemente alto (según su perspectiva) en un mundo destinado a la gente alta. Había muchos más valores que pudo haber adoptado en su vida amorosa. El pensar que "Sólo quiero salir con mujeres que me quieran por lo que soy" habría constituido un buen lugar para comenzar, un parámetro que apreciara los valores de la honestidad y la aceptación. Pero él no optó por esos valores. Tal vez ni siquiera se mostraba consciente de que *estaba* escogiendo ese valor (o de que *podía* hacerlo). Aunque que no se percatara, era responsable de sus propios problemas.

A pesar de esa responsabilidad, seguía quejándose: "Es que no tengo opción", le decía al *barman*. "¡No hay nada que pueda hacer! Las mujeres son superficiales y vanas, y nunca les gustaré". Sí, *es culpa de todas y cada una de las mujeres* el que no les agrade un tipo que se autocompadece de sí mismo, un tipo superficial con valores desechables. Obviamente.

Mucha gente duda al hacerse *responsable* de sus problemas porque cree que ser responsable de sus problemas significa también tener la culpa de los mismos.

La responsabilidad y la culpa a menudo aparecen juntas en nuestra cultura. Pero no son lo mismo. Si te pego con mi auto es mi culpa y quizá soy legalmente responsable de resarcir el daño de alguna forma. Incluso si pegarte con mi coche fue un accidente, sigo siendo responsable. Ésta es la forma en la que la culpa actúa en nuestra sociedad: si te equivocas, debes hacer algo para remediarlo. Y así debería ser.

Pero también hay problemas que no son *nuestra* culpa y aun así somos responsables de ellos.

Por ejemplo, si te despertaras un día y hallaras a un bebé recién nacido afuera de tu casa, no sería *tu* culpa que alguien lo abandonara ahí, pero el niño ahora sería tu *responsabilidad*. Tendrías que elegir qué hacer. Y lo que fuera que decidieras (quedártelo, deshacerte de él, ignorarlo, dárselo a comer a un pitbull), tendría problemas asociados a esa elección, y también serías responsable de ellos.

Los jueces no tienen elección sobre los casos que reciben. Cuando un caso llega a la corte, el juzgador asignado a él no cometió el crimen, no fue testigo del crimen y no fue afectado por el crimen, pero él o ella también son *responsables* de ese crimen. El juez debe entonces elegir las consecuencias, él o ella debe identificar el parámetro con el que será juzgado el crimen y asegurarse de que dicho parámetro se ejecute.

Somos responsables de las experiencias que, a veces, no son nuestra culpa. Esto es parte de la vida.

Aquí hay una manera de considerar la diferencia entre los dos conceptos. *Culpa* es tiempo pretérito. *Responsabilidad* es tiempo presente. La culpa resulta de las elecciones que se han hecho. La responsabilidad deriva de las elecciones que estamos haciendo en este momento, en cada segundo del día. Tú estás eligiendo leer esto. Eliges pensar en los conceptos. Estás eligiendo aceptar o desecharlos. Puede ser *mi* culpa que creas que mis ideas son sosas, pero *tú* eres responsable de llegar a tus propias conclusiones. No es *tu* culpa que yo elegí escribir esta oración, pero aun así eres responsable de elegir leerla (o no leerla).

Existe una diferencia entre culpar a alguien más por tu situación y que la persona en realidad sea responsable de tu situación. Nunca nadie es responsable de tu situación más que tú. Mucha gente puede tener la culpa de tu infelicidad, pero nadie jamás será *responsable* de tu infelicidad más que tú. Lo anterior obedece a que tú siempre puedes elegir cómo percibes las cosas, cómo reaccionas ante las cosas, cómo valoras las cosas. Siempre puedes elegir el parámetro con el que evaluarás tus experiencias.

Mi primera novia me cortó de la manera más espectacular. Me engañaba con su maestro. Fue maravilloso. Y por "maravilloso" me refiero a que lo sentí como si recibiera 253 puñetazos en el estómago. Para hacerlo peor, cuando la enfrenté sobre el asunto, rápidamente me dejó por él. Tres años juntos que se fueron al caño, así como así.

Los siguientes meses me sentí miserable, era de esperarse; pero también la responsabilicé de mi desdicha. Lo cual, créeme, no me llevó muy lejos, solamente empeoró mi sufrimiento.

Verás, yo no podía controlarla. Sin importar cuántas veces le llamara o le gritara, o le rogara que regresáramos, o la visitara de manera sorpresiva en su casa, o hiciera otras cosas irracionales y sórdidas como las que llevan a cabo los ex novios, jamás podía controlar sus emociones o sus acciones. Ultimadamente, aunque ella tenía la *culpa* de cómo me sentía yo, nunca fue *responsable* de cómo me sentía. Lo era yo.

En algún momento, después de suficientes lágrimas y alcohol, mi tren de pensamiento cambió y comencé a comprender que, aunque me había lastimado y era culpable por ello, ahora era mi propia responsabilidad hacerme feliz yo mismo de nuevo. Ella nunca regresaría a arreglar mi mundo, tenía que arreglarlo yo mismo.

Cuando me enfoqué en esa certeza, varias cosas sucedieron. De entrada, empecé a mejorar. Inicié una rutina de ejercicio y pasaba más tiempo con mis amigos (a los que había dejado de lado por salir con ella). Deliberadamente me dispuse a conocer gente nueva. Aproveché una oportunidad de estudiar fuera y trabajé como voluntario. Y poco a poco, de manera lenta comencé a sentirme mejor.

Aún sentía rencor por mi ex por haber hecho lo que hizo, pero al menos ahora estaba tomando la responsabilidad de mis propias emociones. Y al hacerlo, elegía mejores valores, valores dirigidos a cuidarme a mí mismo, aprender a sentirme mejor acerca de mí mismo, en vez de enfocarlos a conseguir que ella arreglara lo que había roto.

(Por cierto, todo esto de "hacerla responsable de mis emociones" es quizá parte de la razón por la cual me dejó. Les contaré más en un par de capítulos).

Entonces, casi un año después, empezó a suceder algo gracioso. Conforme veía en retrospectiva nuestra relación, comencé a notar problemas que no había detectado antes, problemas en los que *yo* tenía la culpa y que *yo* pude haber hecho algo para resolverlos. Me di cuenta de que tal vez no era un gran novio y que la gente no traiciona a alguien de pronto y por acto de magia, a menos que haya sido infeliz por algún motivo.

No pretendo justificar lo que hizo mi ex, para nada, pero reconocer mis errores me permitió comprender que quizá yo no había sido la víctima inocente que creía ser. Que yo había desempeñado un papel al permitir que esa relación tan mala continuara por tanto tiempo hasta que terminó. Después de todo, las personas que entablan una relación tienden a adoptar valores similares. Y si yo estuve con alguien que mantuvo valores tan mediocres durante mucho tiempo, ¿qué decía eso de mí y de mis propios valores? Tuve que aprender a la mala que si la gente en tus relaciones es egoísta y sus acciones te lastiman, es probable que tú también lo hagas, sólo que no te has dado cuenta.

En retrospectiva, fui capaz de ver hacia atrás y encontrar señales de alerta en la personalidad de mi ex novia, señales que yo había escogido ignorar o desestimar cuando estaba con ella. *Ésa* era mi culpa. Pude darme cuenta de que tampoco había sido el Novio del Año. De hecho, a menudo me comporté frío y arrogante con ella, otras veces la di por segura, la ignoré y la lastimé. *Estas cosas* también eran mi culpa.

¿Mis errores justificaron su error? No. Pero, aun así, asumí la responsabilidad de no volver a cometerlos nunca más y jamás dejar pasar de nuevo esas mismas señales, para garantizar que no sufriría una vez más las mismas consecuencias. Asumí la responsabilidad de esforzarme para que mis futuras relaciones con las mujeres resultaran mucho mejores. Y me alegra reiterar que lo he logrado. Ya no me traicionaron más novias, ni recibí 253 puñetazos en el estómago. Asumí la responsabilidad de mis problemas y con base en ellos mejoré. Asumí mi responsabilidad por mi papel en esa relación enfermiza y pude mejorar mis relaciones subsecuentes.

¿Y sabes qué? El que me dejara mi ex, a pesar de ser una de las experiencias más dolorosas que he tenido, fue una de las vivencias más trascendentes y decisivas de mi vida. Le reconozco haberme inspirado bastante crecimiento personal. Aprendí más de ese único problema que de una docena de mis éxitos combinados.

A todos nos encanta asumir la responsabilidad del éxito y la felicidad. Caray, a veces incluso discutimos por quién se queda con la responsabilidad del éxito y la felicidad. Pero asumir la responsabilidad de nuestros problemas es mucho más importante, ahí es donde inicia la verdadera mejora de vida. Simplemente culpar a los demás es hacerte daño a ti mismo.

Responder a la tragedia

¿Pero qué hay sobre los eventos realmente trágicos? Mucha gente puede estar de acuerdo con eso de asumir la responsabilidad de los problemas del trabajo o de ver demasiada televisión cuando en realidad debería estar jugando con sus hijos o siendo productiva. Pero cuando se trata de tragedias horribles, jalan el cordón de emergencia en el tren de la responsabilidad y se bajan tan pronto como se detiene el ferrocarril. Algunas cosas les son demasiado dolorosas como para enfrentarlas.

Piénsalo así: la intensidad del evento no cambia la verdad subyacente. Si te asaltan, digamos, obviamente no tienes la culpa de que te roben. Nadie jamás escogería pasar por algo así. Pero, así como con el bebé afuera de tu casa, eres lanzado de inmediato a la responsabilidad en una situación de vida o muerte. ¿Te defiendes? ¿Entras en pánico? ¿Lo reportas a la policía? ¿Tratas de olvidarlo y finges que nunca sucedió? Éstas son todas las opciones y reacciones de las que eres responsable de asumir o desechar. Tú no escogiste el asalto, pero aún es tu responsabilidad manejar las consecuencias emocionales, psicológicas (y legales) de la experiencia.

En 2008, los talibanes tomaron el control de Swat Valley, una parte remota en el noreste de Pakistán, donde rápidamente implementaron su agenda extremista islámica. Cero televisión. Cero películas. Cero mujeres fuera de su casa sin un acompañante varón. Cero niñas en las escuelas.

Para 2009, una niña pakistaní de 11 años, llamada Malala Yousafzai, empezó a manifestar su desacuerdo con la prohibición de la educación escolar para el sexo femenino. Ella continuó asistiendo a su escuela local, poniendo en peligro su vida y la de su papá; también atendía conferencias en ciudades cercanas. Malala escribió en línea: "¿Cómo se atreven los talibanes a quitarme mi derecho a la educación?"

Un día, en 2012, a la edad de 14 años, recibió un tiro en la cara mientras viajaba en el autobús que la trasladaba a su casa después de asistir a la escuela. Un soldado talibán enmascarado y armado con un rifle se trepó al vehículo y preguntó: "¿Quién es Malala? Díganme o les disparará a todos aquí". Malala se identificó (una elección asombrosa en sí misma y de sí misma) y el hombre le disparó en la cara frente a los demás pasajeros.

Malala entró en coma y estuvo a punto de perder la vida. Los talibanes declararon públicamente que si de alguna forma sobrevivía al atentado, además de ella ahora matarían a su padre.

En la actualidad, Malala aún vive. Aún habla de la violencia y la opresión en contra de las mujeres en los países musulmanes, sólo que ahora lo hace como una autora *bestseller*. En 2014 recibió el Premio Nobel de la Paz por sus esfuerzos. Parece que haber recibido un balazo en el rostro sólo le proveyó una audiencia más grande y más valentía que antes. Podría haber sido fácil para ella mentir y decir "No puedo hacer nada" o "No tengo opción". Eso, irónicamente, también hubiera sido su elección. Pero eligió lo opuesto.

Hace unos años, escribí en mi blog algunas ideas de este capítulo y un hombre dejó un comentario. Dijo que yo era superficial; añadió que no tenía una comprensión real de los problemas de la vida o de la responsabilidad humana. Señaló que su hijo recientemente había muerto en un accidente automovilístico. Me acusó de no saber lo que es el dolor verdadero y dijo que yo era un cabrón por sugerir que él era responsable del dolor que sentía por el fallecimiento de su vástago.

Obviamente, el hombre había sufrido un dolor más grande del que la mayoría de la gente tiene que enfrentar jamás en su vida. Él no escogió que su hijo muriera, ni fue su culpa el que feneciera. Tenía la responsabilidad de enfrentar su pérdida, a pesar de que era clara y comprensiblemente indeseada. Pero a pesar de ello, él era el responsable de sus propias emociones, creencias y acciones. La manera como reaccionó a la muerte de su hijo fue su propia elección. El dolor, de uno u otro tipo, es inevitable para todos, pero tenemos el derecho de elegir lo que significa para nosotros. Incluso al decretar que él no tenía opción y que sólo deseaba a su hijo vivo de nuevo, él estaba eligiendo; ésa fue una de las muchas formas en las que pudo haber elegido usar ese dolor.

Por supuesto que no le dije nada de eso a él. Yo estaba demasiado ocupado horrorizándome y pensando que sí, que probablemente esto me rebasaba y que no tenía la más mínima idea de lo que estaba hablando. Ese es un peligro latente en mi línea de trabajo. Un problema que yo escogí. Y un problema que es mi responsabilidad afrontar.

Al principio me sentí fatal, pero después de unos minutos comencé a ponerme furioso. "Sus objeciones tenían muy poco que ver con lo que yo, de hecho, afirmaba en mi artículo", me dije. ¿Y qué carajos? Sólo porque no tengo un hijo que haya muerto no significa que no he experimentado un dolor horrible.

Pero entonces apliqué mi propio consejo. Elegí mi problema. Me podía enojar con este hombre e iniciar una discusión, tratar de demostrar quién de los dos había sufrido más, lo que sólo nos habría hecho ver a ambos estúpidos e insensibles. O podía elegir un mejor problema, trabajar en practicar la paciencia, comprender mejor a mis lectores y tener presente a ese hombre cada vez que escribiera sobre dolor y traumas de ahí en adelante. Y eso es lo que he tratado de hacer desde entonces.

A él simplemente le respondí que sentía su pérdida y dejé ahí el tema. ¿Qué más puedes decir?

La genética y las cartas que nos tocaron

En 2013, la BBC reunió a media docena de adolescentes con trastorno obsesivo-compulsivo (toc) y los acompañó conforme recibían terapias intensivas para ayudarlos a superar sus pensamientos indeseados y sus comportamientos repetitivos.

Una de ellas era Imogen, una chica de 17 años que tenía la necesidad compulsiva de tocar cada superficie por la que pasara; si fallaba en el intento, la inundaban pensamientos terribles de su familia muriendo. También estaba Josh, quien necesitaba hacer todo con ambos lados de su cuerpo, saludar a alguien con la mano izquierda y con la derecha, comer con ambas manos, atravesar una puerta con los dos pies, etcétera. Si él no "sintonizaba" sus dos lados, sufría severos ataques de pánico. Y por último estaba Jack, un *germofóbico* que se rehusaba a salir de casa sin usar guantes, hervía el agua que consumía antes de beberla y se negaba a probar comida que no hubiera sido preparada y desinfectada por él mismo.

El TOC es un terrible desorden neurológico y genético que no se puede curar. En el mejor de los casos, se puede aprender a manejarlo. Y como veremos, controlar este trastorno se reduce a manipular los valores propios.

Lo primero que los psiquiatras de este proyecto les dicen a los chicos es que deben aceptar las imperfecciones de sus deseos compulsivos. Lo que eso significa, como ejemplo, es que cuando a Imogen la inundan los terribles pensamientos de su familia que muere, ella debe aceptar que sus seres queridos pueden morir y que no hay nada que ella pueda hacer; puesto de manera sencilla, le están diciendo que lo que le sucede no es su culpa. Entretanto, Josh es forzado a aceptar que, a largo plazo, "sintonizar" sus comportamientos para conciliarlos en realidad le está infligiendo más daño a su vida que lo que sus ocasionales ataques de pánico le causarían. Y a Jack le recuerdan que no importa lo que haga, los gérmenes siempre están presentes y siempre lo infectarán.

El objetivo es conseguir que los jóvenes reconozcan que sus valores no son racionales —que de hecho sus valores ni siquiera son suyos, sino de su trastorno—, y que al consentir estos valores irracionales están, de hecho, dañando su habilidad para funcionar en la vida.

El siguiente paso es alentarlos a elegir un valor que sea más importante que el que posee su toc y enfocarse en él. Para Josh, es la posibilidad de no tener que esconder su trastorno a sus amigos y familiares todo el tiempo, la posibilidad de desarrollar una vida social normal y funcional. Para Imogen, es la idea de tomar el control sobre sus propios pensamientos y sentimientos, y ser feliz de nuevo. Y para Jack, es la habilidad de salir de su casa por periodos prolongados sin sufrir episodios traumáticos.

Con estos nuevos valores al frente y al centro de sus mentes, los adolescentes se abocaron a realizar ejercicios de desensibilización intensiva que los forzarán a vivir sus nuevos valores. Los ataques de pánico se presentaron, las lágrimas rodaron por las mejillas y Jack golpeó varios objetos inanimados, y después, se lavó las manos de inmediato. Pero para el final del documental, se había logrado un gran progreso. Imogen ya no necesitaba tocar cada superficie que se encontrara en su camino. Comenta: "Aún hay monstruos en mi cabeza y probablemente siempre los habrá, pero ahora están más silenciosos". Josh es capaz de alcanzar lapsos de 25 o 30 minutos sin tener que "sintonizar" las conductas entre ambos lados de su cuerpo. Y Jack, quien tuvo quizá la mayor mejoría, ahora es capaz de asistir a restaurantes y beber directo de botellas de agua o vasos sin tener que lavarlos antes. Jack resume lo que ha aprendido: "Yo no elegí esta vida; yo no elegí esta horrible enfermedad. Pero puedo elegir cómo vivir con ella; *debo escoger* cómo vivir con ella".

Muchas personas que nacieron con una desventaja —ya sea toc o una estatura baja o algo muy diferente— eligen pensar que ésta les ha robado algo sumamente valioso. Sienten que no hay nada que puedan hacer al respecto, así que evaden asumir la responsabilidad de su situación. Piensan algo como: "Yo no escogí esta genética de porquería, así que no es mi culpa si todo sale mal".

Y es verdad, no es su culpa.

Pero, aun así, es su responsabilidad.

Cuando cursaba la universidad, tuve la loca fantasía de convertirme en jugador profesional de póker. Ganaba dinero y todo, y fue divertido, pero después de un año de juego serio, me retiré. El estilo de vida de desvelarme toda la noche mirando fijamente el monitor de la computadora, ganando cientos de dólares un día y perdiendo la mayor parte al día siguiente no era para mí y no era exactamente el medio de subsistencia más sano o más estable en términos emocionales. Pero mi tiempo de jugar al póker tuvo una sorprendente y profunda influencia en la forma en la que veo la vida.

La belleza del poder es que, si bien la suerte siempre tiene un papel importante, esa misma suerte no dicta el resultado de un juego en el largo plazo. A una persona le pueden repartir cartas terribles y aun así ganarle a quien le tocó una gran mano. Claro, quien posee las mejores cartas tiene mayor probabilidad de ganar la partida, pero al final, el vencedor está determinado por —sí, acertaste— las elecciones que cada jugador hace durante el juego.

Yo concibo la vida en esos mismos términos. A todos nos reparten cartas. A algunos nos tocan mejores cartas que a otros. Y si bien es fácil obsesionarnos con las cartas que tenemos y sentir que nos tocó una pésima partida, el juego real consiste en las elecciones que hacemos con esas cartas, los riesgos que decidimos tomar y las consecuencias con las que elegimos vivir. La gente que de manera consistente toma las mejores decisiones en las situaciones que se les presentan son aquellas que por lo general salen avante en el póker, igual que en la vida. Y no es necesariamente la gente con las mejores cartas.

Hay quienes sufren psicológica y emocionalmente por deficiencias neurológicas o genéticas, pero eso no cambia nada. Cierto, heredaron una mala partida y no es su culpa. No se le puede culpar de ser chaparro al tipo bajito por querer una cita. A la persona que le roban no se le puede culpar por haber sido asaltada. Pero aún es su responsabilidad. Ya sea que escojan buscar tratamiento psiquiátrico, ir a terapia o no hacer nada, la elección es suya. Hay quienes sufren por una mala infancia. Hay quienes son abusados y violados y lastimados física, emocional y financieramente. A ellos no se les puede culpar por sus problemas y sus obstáculos, pero aún son responsables —*siempre* son responsables— de seguir adelante a pesar de sus problemas y de elegir las mejores opciones que puedan, dadas sus circunstancias.

Y seamos honestos: si sumaras a *todas* las personas que padecen algún desorden psiquiátrico, que luchan contra la depresión o contra pensamientos suicidas, que han sido sujetos de negligencia o abuso, que han pasado por la tragedia o la muerte de un ser querido o que han sobrevivido a serios problemas de salud, accidentes o traumas; si sumas a *todas esas personas* y las pusieras en una habitación, bueno, quizá tendrías que llamarnos a todos nosotros, porque nadie pasa por la vida sin coleccionar algunas cicatrices en el camino.

Es cierto, algunas personas enfrentan mucho peores problemas que otros y algunos son legítimamente victimizados de maneras terribles. Pero tanto como esto nos trastorne o nos moleste, no cambia, en nada, la ecuación de la responsabilidad de nuestra situación individual.

Victimismo *chic*

La falacia de la responsabilidad/culpa le permite a la gente endosarle a los demás la responsabilidad de resolver sus problemas. Esta habilidad de deshacerse de la responsabilidad a través de la culpa le otorga a las personas un bienestar efímero y la sensación de creerse con derecho a todo.

Desafortunadamente, un efecto colateral del internet y de las redes sociales es que se ha vuelto más fácil que nunca lanzarle la responsabilidad —incluso por la más mínima de las infracciones—, a algún otro grupo o persona. De hecho, este juego de culpa/vergüenza se ha vuelto tan popular que en ciertas esferas se ve como algo *cool*. Compartir públicamente las "injusticias" atrae más atención y más efusividad emocional que cualquier otro evento en las redes sociales; legitima al tipo de persona que perpetuamente se siente victimizada con cantidades enormes de atención y simpatía.

El "victimismo chic" está de moda por todos lados hoy, entre los ricos y los pobres. De hecho, puede que ésta sea la primera vez en la historia de la humanidad en la que cada grupo demográfico se ha sentido injustamente victimizado de manera simultánea. Todos van montados en la indignación moral que eso trae consigo.

En este momento, cualquiera que se sienta ofendido por cualquier circunstancia —ya sea el hecho de que un libro sobre racismo fue autorizado como parte de una clase universitaria o que los árboles de Navidad fueron prohibidos en el supermercado local o que subieron los impuestos medio punto en los fondos de inversión—, todos se sienten oprimidos de alguna manera y piensan que en cierto modo merecen estar muy molestos y obtener un cierto grado de atención.

El ambiente mediático actual por un lado alienta y por el otro perpetúa estas reacciones porque, después de todo, es bueno para el negocio. El escritor y el comentador de medios Ryan Holiday se refiere a esto como "pornografía del atropello": más que reportar historias y temas reales, los medios consideran más fácil (y más rentable) encontrar algo medianamente ofensivo, difundirlo en una amplia audiencia, generar molestia y entonces transmitir esa molestia a la población, de una forma en la que cause molestia en otra sección de la población. Esto desata un tipo de eco de tonterías que viene y va entre dos posturas imaginarias, mientras distrae a todos de los verdaderos problemas sociales. No sorprende entonces que estemos más políticamente polarizados que nunca.

El mayor problema con el victimismo *chic* es que acapara y resta atención a las verdaderas víctimas. Es como Pedro y el lobo. Mientras más personas se proclaman como víctimas a la menor provocación, más difícil es ver quiénes son las verdaderas víctimas.

La gente se vuelve adicta a sentirse ofendida todo el tiempo porque les provee un momento efímero de bienestar; creerse con derecho a todo y con una superior moral se siente *bien*. Como lo expuso el caricaturista político Tim Kreider, en su columna de opinión del *New York Times*: "El sentirse atropellado es como esas otras cosas que te hacen sentir bien, pero con el tiempo te devoran de adentro hacia afuera. Y es incluso más insidioso que muchos vicios, porque ni siquiera somos conscientes de que es un placer".

Parte de vivir en una democracia y en una sociedad libre es que todos tenemos que lidiar con puntos de vista y con gente que no necesariamente nos gusta. Ése es, simplemente, el precio que pagamos; incluso podrías decir que es la razón de existir del sistema. Y parece que más y más gente está olvidando eso.

Debemos escoger nuestras batallas con cautela, mientras intentamos, simultáneamente, coincidir un poco con nuestros supuestos enemigos. Deberíamos acercarnos a las noticias y a los medios con una sana dosis de escepticismo, evitar generalizar y etiquetar a aquellos con los que no estamos de acuerdo. Debemos priorizar los valores de ser honesto, de fomentar la transparencia y de abrazar la duda sobre los valores de siempre estar en lo correcto, sentirnos bien y obtener venganza. Estos valores "democráticos" son más difíciles de mantener dentro del ruido constante de un mundo globalizado. Y a pesar de todo, debemos asumir esta responsabilidad y nutrir dichos valores. La estabilidad futura de nuestros sistemas políticos podría depender de ello.

No hay un *cómo*

Mucha gente escuchará todo esto y entonces dirá: "Okey, pero ¿cómo? Entiendo que mis valores están equivocados y que evado la responsabilidad de mis problemas, que me siento con derecho a todo y que creo que el mundo debería girar en torno a mí y a cada inconveniente que experimento, pero ¿*cómo* cambio?"

Y a lo anterior responderé con mi mejor personificación de Yoda: "Hazlo o no lo hagas, no hay un *cómo*".

Tú ya estás eligiendo —cada momento de cada día— a qué le das importancia, así que el cambio es tan sencillo como elegir darle importancia a algo diferente.

En realidad, es *así* de simple. Sólo que no es fácil.

No es fácil porque te sentirás como un perdedor, como un fraude y como un tonto al principio. Te molestarás con tu mujer, con tus amigos o con tu padre en el proceso. Todos estos son efectos secundarios de cambiar tus valores, de cambiar a qué le estás dando importancia. Pero son inevitables.

Es simple, pero es muy, muy difícil.

Veamos algunos efectos secundarios: te vas sentirás inseguro, te lo puedo garantizar. "¿Debería darme por vencido?", "¿Es ésta la mejor decisión?" Desechar un valor en el que has confiado por años te desorientará, como si ya no supieras más lo que está bien y lo que está mal. Es difícil, pero es normal.

Siguiente. Te sentirás fracasado. Has dedicado la mitad de tu vida a medirte y evaluarte en relación con ese valor, así que cuando cambies tus prioridades y tus parámetros, y dejes de comportarte de la manera en la que lo hacías antes, fracasarás en alcanzar ese antiguo y confiable parámetro, lo que te llevará a sentirte inmediatamente como un fraude o un don nadie. Eso también es normal e incómodo.

Y ciertamente encontrarás rechazo. Muchas relaciones en tu vida se construyeron alrededor de los valores que has mantenido, así que en el momento en que los cambies —cuando decidas que estudiar es más importante que irte de fiesta o que casarte, y formar una familia es más importante que el sexo desenfrenado, o que hacer lo que te gusta es más importante que el dinero—, el cambio de tendencia se reflejará en todas tus relaciones y muchas explotarán en tu cara. Eso también es normal e incómodo.

Aunque dolorosos, estos efectos secundarios son necesarios, pues te permiten elegir lo que realmente vale la pena, elegir cosas mucho más importantes y más valiosas donde poner tu energía. Conforme reorganices tus valores, te encontrarás con rechazo tanto interno como externo. Más que nada, te sentirás inseguro; te preguntarás si lo que haces está mal.

Pero, como veremos más adelante, eso es una buena señal.

CAPÍTULO

Te equivocas respecto a todo
(y yo también)

Hace 500 años, los cartógrafos creían que California era una isla. Los doctores pensaban que abrir en canal el brazo de alguien (o causando un sangrado en cualquier parte) podía curar enfermedades. Los científicos consideraban que el fuego se creaba a partir de algo llamado *flogisto*. Las mujeres creían que darse masajes en la cara con orina de perro revertía los efectos del envejecimiento. Y los astrónomos creían que el Sol giraba alrededor de la Tierra.

Cuando era pequeño, pensaba que "mediocre" era un tipo de vegetal que no querría comer. Creía que mi hermano había encontrado un pasadizo secreto en la casa de mi abuela porque él podía salir al patio desde el baño (¿la magia? Había una ventana). También pensaba que cuando un amigo y su familia visitaban "Washington, A.C." era porque, de alguna forma, habían viajado en el tiempo cuando los dinosaurios aún vivían, porque, caray, "A.C." pasó hace mucho tiempo.

De adolescente, le hice saber a todos que en realidad no me importaba nada, pero la verdad es que todo me importaba mucho. Eran otros quienes gobernaban mi vida y yo ni siquiera lo sabía. Pensaba que la felicidad era un destino y uno una opción. Pensaba que el amor era algo que simplemente sucedía, no algo que tenías que trabajar para conseguirlo. Pensaba que ser *cool* tenía que ser practicado y aprendido de alguien externo, más que inventarlo para mí mismo.

Cuando estaba con mi primera novia, pensaba que estaríamos juntos para siempre; y cuando esa relación terminó, pensé que jamás volvería a sentir algo así por ninguna otra mujer. Luego, cuando volví a sentir lo mismo con otra mujer, pensé que el amor a veces no es suficiente. Y entonces comprendí que a cada individuo le toca decidir qué es "suficiente" y que el amor puede ser lo que sea que le permitamos ser.

A cada paso del camino, estaba equivocado. Respecto a todo. A través de mi vida, he estado increíblemente errado respecto de mí, los demás, la sociedad, la cultura, el mundo, el universo... todo.

Y espero que ese siga siendo el caso para el resto de mi vida.

Así como el Mark del presente puede voltear y ver cada error y defecto del Mark del pasado, un día el Mark del futuro mirará en retrospectiva las suposiciones del Mark de presente (incluyendo el contenido de este libro) y encontrará defectos similares. Y eso será algo bueno. Porque significará que he crecido.

Hay una frase muy famosa de Michael Jordan que cuenta cómo fallaba una y otra vez y que gracias a eso logró tener éxito. Bueno, en mi caso, yo siempre estoy equivocado respecto a todo, una y otra vez, y por eso mi vida mejora.

El crecimiento es un proceso *iterativo* infinito. Cuando aprendemos algo nuevo, no es que vayamos de "estar equivocados" a "estar en lo correcto". Más bien, vamos de estar equivocados a estar menos equivocados. Cuando aprendemos algo adicional, vamos de estar menos equivocados a estar menos equivocados que antes y así sucesivamente. Siempre estamos en el proceso de aproximarnos a la verdad y a la perfección sin nunca alcanzar ni la verdad ni la perfección.

No deberíamos buscar la respuesta "correcta" definitiva para nosotros, en vez de ello deberíamos buscar ir deshaciéndonos poco a poco de nuestras equivocaciones actuales, de forma que estemos menos equivocados mañana.

Cuando se ve desde esta perspectiva, el crecimiento personal puede resultar muy científico. Nuestros valores son nuestras hipótesis: esta conducta es buena e importante, esa otra conducta no lo es. Nuestras acciones son los experimentos, las emociones resultantes y los patrones de pensamiento son nuestra información.

No hay dogma correcto o ideología perfecta. Sólo está lo que tu experiencia te ha mostrado que es bueno *para ti*, e incluso así, la experiencia está probablemente equivocada también. Y ya que tú, yo y todos los demás tenemos necesidades, historias personales y circunstancias de vida diferentes, inevitablemente todos llegaremos a distintas respuestas "correctas" sobre lo que significan nuestras vidas y cómo deben ser vividas. Mi respuesta correcta incluye viajar solo por muchos años, vivir en lugares oscuros y reírme de mis propios gases. O al menos esa era la respuesta correcta hasta hace poco. Esa respuesta cambiará y evolucionará, porque yo cambio y evoluciono; y conforme me vuelvo mayor y más experimentado, desecho aquello en lo que estaba equivocado y logro estar menos equivocado cada día.

Mucha gente se obsesiona tanto con hacer todo "correctamente" en su vida que acaba por no vivirla.

Una cierta mujer está soltera, sola y quiere un compañero, pero nunca sale de su casa ni hace algo al respecto. Un cierto hombre trabaja muchísimo y considera que merece un ascenso, pero nunca se lo manifiesta de manera explícita a su jefe.

A ambos les señalan que le temen al fracaso, al rechazo, a que alguien les diga no.

Pero no es eso. Claro, el rechazo duele. El fracaso apesta. Pero hay certidumbres particulares a las que nos aferramos, certidumbres que nos da miedo cuestionar o dejar ir, valores que le han dado significado a nuestras vidas a través de los años. Esa mujer no quiere salir a la calle y conocer a alguien porque entonces se vería forzada a enfrentar sus creencias sobre su propio atractivo. Ese hombre no pide el ascenso porque tendría que enfrentar sus creencias respecto a cuánto valen sus habilidades.

Es más fácil sentarse sobre la certidumbre dolorosa de que nadie te encontrará atractiva, que nadie aprecia tus talentos, en vez de realmente *poner a prueba* esas creencias y conocer la verdad.

Las creencias de este tipo —que "no soy tan atractivo, así que para qué me desgasto"; o que "mi jefe es un desgraciado, así que para qué molestarse"— están diseñadas para proveernos un confort moderado hoy a costa de hipotecar una mayor felicidad y éxito más adelante. Son estrategias terribles a largo plazo y, sin embargo, nos aferramos a ellas porque asumimos que son correctas, porque consideramos que ya sabemos lo que sucederá. En otras palabras, asumimos que sabemos cómo termina la historia.

La certidumbre es el enemigo del crecimiento. Nada es seguro hasta que ya ha sucedido, e incluso en ese momento, aún es debatible. Por ello, para que ocurra cualquier tipo de crecimiento, es necesario aceptar las imperfecciones inevitables de nuestros valores.

En lugar de buscar la certeza, deberíamos estar en búsqueda constante de la duda: dudar de nuestras propias creencias, dudar de nuestros propios sentimientos, dudar sobre lo que nos traerá el futuro, a menos que salgamos y lo construyamos nosotros mismos. En vez de esperar estar en lo cierto todo el tiempo, deberíamos buscar en qué estamos equivocados todo el tiempo. Porque lo estamos.

Estar equivocado abre la posibilidad de cambiar. Estar equivocado ofrece la oportunidad de crecimiento. Significa que no te abrirás el brazo para curarte un resfriado ni te refrescarás la cara con pipí de perro para verte joven de nuevo. Implica no pensar que "mediocre" es un vegetal e implica no tener miedo a que las cosas te importen.

Aquí tenemos algo extraño, pero cierto: *en realidad*, no sabemos lo que es una experiencia positiva o negativa. Algunos de los momentos más difíciles y estresantes de nuestras vidas terminan siendo, también, de los más formativos y motivadores. Algunas de las mejores y más gratificantes experiencias de nuestras vidas también son de las más distractoras y desmotivantes. No confíes en tu concepción de las experiencias positivas/negativas. Lo único que sabemos con certeza es si algo duele o no en ese momento. Y eso no vale mucho.

Así como miramos con horror la vida de la gente hace 500 años, me imagino a las personas que dentro de otros 500 años se reirán de nosotros y de nuestras certezas actuales. Se reirán sobre cómo permitimos que el dinero y nuestro trabajo definan nuestras vidas. Se reirán del miedo que nos da mostrar aprecio a quienes más nos importan, pero apilamos alabanza sobre alabanza en las figuras públicas que no merecen nada. Se reirán de nuestros rituales y supersticiones, de nuestras preocupaciones y nuestras guerras; se quedarán azorados de nuestra crueldad. Ellos entenderán verdades sobre nosotros de las que nosotros aún no somos conscientes.

Y ellos, también, estarán equivocados. Simplemente menos equivocados de lo que nosotros estábamos.

Arquitectos de nuestras propias creencias

Prueba esto: escoge una persona al azar y condúcela a una habitación donde haya botones qué presionar, dile que si hace algo específico —algo indefinido que él o ella tendrán que averiguar—, una luz destellará, indicando que ha ganado un punto. Dile que el objetivo es ver cuántos puntos puede ganar en un lapso de 30 minutos.

Cuando los psicólogos han aplicado este ejercicio, lo que sucede es lo que esperarías. La gente se sienta y comienza a oprimir los botones al azar hasta que la luz destella para confirmar que han ganado un punto. Lógicamente intentarán repetir lo que hicieron para alcanzar mayor puntuación. Excepto que ahora la luz no destella. Así que empiezan a experimentar con secuencias más complicadas —presiono este botón tres veces, luego éste sólo una, espero cinco segundos y ¡ding! Otro punto—. Pero, eventualmente, *eso* deja de funcionar. Quizá no tiene que ver con los botones, pensarán. Quizá tiene que ver con cómo estoy sentado. O lo que estoy tocando. Quizá tiene que ver con mis pies. ¡Ding! Otro punto. Sí, quizás es la posición de mis pies y *luego*, si presiono otro botón... ¡Ding!

Por lo general, entre los primeros 10 o 15 minutos, cada persona ha averiguado la secuencia específica de conductas requeridas para ganar más puntos. Con frecuencia es algo raro como pararse en un pie o memorizar una larga secuencia de botones en un tiempo específico mientras miran hacia una determinada dirección.

Pero ésta es la parte divertida: los puntos se otorgan de manera aleatoria. No hay secuencia, no hay patrón. Sólo una luz que destella mientras las personas hacen piruetas y piensan que lo que están haciendo es lo que les permite conseguir puntaje.

Más allá del sadismo, la meta del experimento es demostrar qué tan rápido la mente humana es capaz de crear y creer ideas que son basura. Y resulta que somos muy buenos para ello. Cada persona deja esa habitación convencida de que él o ella lograron la meta y ganaron el juego. Todos creen que descubrieron la secuencia "perfecta" de botones con la que se adjudicaron la puntuación. Pero los métodos que inventan son tan únicos como los individuos mismos. Un hombre desarrolló una larga y complicada secuencia de botones que a nadie le hacía sentido más que a él. Una niña llegó a la conclusión de que tenía que tocar el techo un cierto número de veces para ganar los puntos; cuando se fue, estaba agotada de habérsela pasado brincando de arriba abajo.

Nuestros cerebros son máquinas de significado. Lo que entendemos como *significado* se genera por las asociaciones que nuestro cerebro crea entre dos o más experiencias. Cuando presionamos un botón y destella una luz, asumimos que dicho botón causó que la luz destellara. Esto es el núcleo, el fundamento de lo que es significativo. Botón, luz; luz, botón. Vemos una silla, notamos que es gris. Entonces nuestro cerebro procesa la asociación entre el color (gris) y el objeto (silla) y crea significado: "La silla es gris".

Nuestras mentes se mantienen zumbando de manera constante; generan más y más asociaciones para ayudarnos a entender y controlar el entorno que nos rodea.

Todas las experiencias, internas y externas, generan nuevas asociaciones y conexiones dentro de nuestra mente. Todas las palabras en esta página, los conceptos gramaticales que usas para descifrarlas, los pensamientos sucios a los que tu mente vaga cuando mi escritura se torna aburrida o repetitiva: cada uno de estos pensamientos, impulsos y percepciones, está compuesto de miles y miles de conexiones neuronales, disparando al unísono, iluminando tu mente con el fuego del conocimiento y la comprensión.

Pero hay dos problemas. Primero, el cerebro es imperfecto. Confundimos lo que vemos y escuchamos. Olvidamos las cosas o malinterpretamos eventos con mucha facilidad.

Segundo, una vez que creamos significado para nosotros mismos, nuestros cerebros están diseñados para aferrarse a dicho significado. Estamos sesgados hacia el significado que nuestra mente ha creado y no queremos soltarlo. Incluso si descubrimos evidencia que contradice el significado que creamos, a menudo lo ignoramos y continuamos creyendo lo que queremos.

El comediante Emo Philips alguna vez dijo: "Yo creía que el cerebro humano era el órgano más increíble en mi cuerpo. Después me di cuenta de quién me lo estaba diciendo". El dato desafortunado es que la mayoría de lo que llegamos a "conocer" y a creer es producto de las inexactitudes innatas y sesgos presentes en nuestros cerebros. Muchos o incluso la mayoría de nuestros valores son producto de eventos que no son representativos del mundo en general o son el resultado de un pasado totalmente malentendido.

¿Cuál es el resultado? Muchas de nuestras creencias están equivocadas. O para ser más exacto, *todas* nuestras creencias están equivocadas: algunas sólo están menos equivocadas que otras. La mente humana es un revoltijo de inexactitud. Y aunque esto te ponga incómodo, es un concepto increíblemente importante que debemos aceptar, como veremos más adelante.

Los peligros de la certidumbre pura

Erin se sienta frente a mí en el restaurante de sushi y trata de explicarme por qué no cree en la muerte. Han pasado casi tres horas, se ha comido exactamente cuatro rollos de pepino y ha bebido una botella de sake completa ella sola. (De hecho, ya va a la mitad de la botella número dos.) Son las cuatro de un martes por la tarde.

Yo no la cité aquí, ella vio en internet dónde estaba y me vino a buscar.

De nuevo.

Lo ha hecho antes. Verás, Erin está convencida de que ella puede curar la muerte, pero también tiene la certeza de que necesita mi ayuda para hacerlo. Pero no un tipo de ayuda financiera o de negocios. Si tan sólo necesitara consejos sobre relaciones públicas o algo, sería otra cosa. No, es mucho más que eso: me necesita para ser su novio. ¿Por qué? Después de tres horas de cuestionarla y una botella y media de sake, aún no me queda claro.

Mi prometida estaba en el restaurante con nosotros, por cierto. Erin creyó que era importante que ella estuviera incluida en la discusión, pues quería que supiera que estaba "dispuesta a compartirme" y que mi novia (ahora esposa) "no debería sentirse amenazada" por ella.

Conocí a Erin durante un seminario de autoayuda en 2008. Parecía una persona linda. Un poco loca, de esas que les gustan las cosas *new age*, pero era abogada, había estudiado en una universidad de renombre y se veía inteligente. Adicionalmente, se reía de mis bromas y me veía guapito, así que, obviamente, dormí con ella.

Un mes después, me invitó a recorrer el país y a mudarme con ella. Esto me pareció una especie de foco rojo y traté de romper nuestra relación. Respondió diciéndome que se mataría si me rehusaba a estar con ella. Okey, eso sumó dos focos rojos. Rápidamente la bloqueé de mi correo y de todos mis dispositivos.

Dicha acción la frenó un poco pero no la detuvo.

Años antes de conocerla, Erin sufrió un accidente automovilístico y casi pierde la vida. De hecho, médicamente había "muerto" durante algunos momentos —toda su actividad cerebral se detuvo—, pero la revivieron de milagro. Cuando "regresó", afirmaba que todo había cambiado. Se transformó en una persona muy espiritual, se interesó —y empezó a creer— en la curación a través de la energía, los ángeles, la conciencia universal y las cartas del tarot. También creía que se había convertido en sanadora y empática, y que podía ver el futuro. Y por alguna razón, después de conocerme, decidió que ella y yo estábamos destinados a salvar el mundo juntos. A "curar la muerte", como afirmaba ella.

Después de bloquearla, empezó a crear nuevas direcciones de correo electrónico, a veces mandándome más de una docena de mensajes iracundos en un solo día. Creó cuentas falsas de Facebook y Twitter, que usaba para acosarme a mí y a mi gente cercana. Creó un sitio web idéntico al mío y escribió decenas de artículos en los que afirmaba que yo era su ex novio, que le había mentido y la había engañado; que prometí casarme con ella y que nos pertenecíamos el uno al otro. Cuando la contacté para que cancelara la página electrónica, dijo que sólo lo haría si yo volaba hasta California para estar con ella. Así era su idea del compromiso.

Y durante todo este tiempo, su justificación siempre fue la misma: estaba destinado a vivir con ella; que Dios lo había predispuesto así, que a ella literalmente la despertaban las voces de los ángeles a la mitad de la noche anunciándole que "nuestra relación especial" sería el presagio de una nueva era de paz permanente en la Tierra (sí, en verdad me dijo eso).

Para cuando estábamos sentados en el restaurante de sushi juntos, habían pasado cientos de correos. Si respondía o no, si contestaba respetuosamente o de manera iracunda, nada cambiaba nunca. Su mente nunca cambiaba, sus creencias nunca cedían. Esto llevaba siete años sucediendo (y seguía).

Así que ahí estábamos, en ese pequeño local de sushi, Erin bebiendo sake como albañil y parloteando durante horas sobre cómo había curado las piedras renales de su gato con pura energía, cuando se me ocurrió algo:

Erin es adicta a la mejora personal. Gasta cientos de miles de dólares en libros, seminarios y cursos; y lo más loco es que encarna todas las lecciones que ha aprendido, a pie juntillas. Ella es su propio sueño y se mantiene perseverando en él. Se visualiza, toma acción y capotea los rechazos y fracasos para levantarse e intentarlo de nuevo. Es implacablemente positiva. Se tiene a sí misma en un concepto muy elevado. Es más, afirma que puede curar gatos de la misma manera que Jesús curó a Lázaro (¿qué carajos le pasa?).

Sin embargo, sus valores están tan jodidos que nada de esto importa. El hecho de que ella haga algo "bien" no lo convierte en "bueno o correcto".

Hay una certidumbre en ella que se rehúsa a renunciar a sí misma. Ella me lo ha dicho: sabe que su obsesión es completamente irracional y enfermiza; es consciente de que nos hace infelices a ambos. Pero por alguna razón, le parece tan correcto que no puede ignorarlo y no puede parar.

A mediados de los noventa, el psicólogo Roy Baumeister comenzó a investigar el concepto del mal. Básicamente, analizó a gente que hacía cosas malas y las motivaciones que la orillaban a cometerlas.

En esa época se asumía que las personas hacían cosas malas porque se sentían demasiado mal consigo mismas (es decir, tenían baja autoestima). Uno de los primeros hallazgos de Baumeister fue que eso, a menudo, no era verdad. De hecho, era lo opuesto. Algunos de los peores criminales se sentían particularmente bien consigo mismos y era justamente ese concepto tan elevado de sí —a pesar de la realidad de su entorno— lo que les daba ese sentido de justificación para lastimar y faltarles al respeto a los demás.

Para que los individuos encuentren la justificación de dañar a otras personas, deben sentir una certidumbre inquebrantable en su derecho a hacer de todo, en sus propias creencias y en su mérito. Los racistas hacen cosas racistas porque están seguros de su superioridad genética. Los fanáticos religiosos se vuelan en pedazos y asesinan a decenas de personas porque están seguros de su propio lugar en el cielo como mártires. Los hombres violan y abusan de las mujeres por la certidumbre de que tienen derechos sobre los cuerpos femeninos.

La gente mala nunca cree que es mala; por el contrario, cree que todos los demás son malos.

En unos controversiales experimentos, ahora simplemente conocidos como los experimentos Stanford Prison —organizados por el psicólogo Phil Zimbardo—, los investigadores pidieron a personas "normales" que castigaran a otros voluntarios por romper varias reglas. Y los castigaron, a veces escalando la reprimenda hasta llegar al abuso físico. Casi ninguno de los castigadores se opuso o pidió explicación. Por el contrario, muchos parecían disfrutar la certidumbre de la superioridad moral que se les había otorgado en los experimentos.

El problema aquí no es sólo que la certidumbre es inalcanzable, sino que la búsqueda de la certidumbre a menudo genera más (y peor) inseguridad.

Mucha gente tiene una certidumbre inamovible en su habilidad para el trabajo o en la cantidad del salario que *deberían* estar ganando. Pero esa certidumbre las hace sentir peor, no mejor. Ven a los otros recibir ascensos y se sienten ofendidos. Se asumen poco apreciados y poco reconocidos.

Incluso un comportamiento tan simple como ver de reojo los mensajes de texto de tu novio o pedirle a un amigo que te cuente lo que los demás dicen de ti, es originado por la inseguridad y ese doloroso deseo de estar seguro.

Puedes checar los mensajes de texto de tu pareja y no encontrar nada, pero eso rara vez es lo último, entonces comenzarás a preguntarte si no tiene un segundo teléfono. Te puedes sentir ofendido y pisoteado en el trabajo para justificar por qué no te dieron el ascenso, pero entonces eso causará que no confíes en tus compañeros de labor y que dudes de todo lo que te digan (y de cómo crees que te perciben), lo cual a su vez hará menos probable que te asciendan. Puedes seguir tras esa persona especial con la que se "supone" que debes estar, pero después de cada avance y retroceso, y cada noche de soledad, empiezas a preguntarte más y más qué estás haciendo mal.

En esos momentos de inseguridad y de profunda desesperación nos volvemos susceptibles a ese sentimiento insidioso de tener derecho a todo: creer que nos *merecemos* hacer un poco de trampa para salirnos con la nuestra, que otra gente *merece* ser castigada, que *merecemos* tomar lo que queremos, y a veces con violencia.

Es la Ley de Retrocesión de nuevo: mientras más tratas de tener certeza sobre algo, más dudoso e inseguro te sentirás.

Pero lo contrario es cierto de igual forma: mientras más te abras a sentirte inseguro y no saber, más cómodo te sentirás al saber lo que no sabes.

La incertidumbre evita nuestros juicios sobre los demás, previene que estereotipemos o sesguemos innecesariamente a alguien cuando lo vemos en televisión, en la oficina o en la calle. La incertidumbre también evita que nos juzguemos a nosotros mismos. Desconocemos si somos dignos de amor o no, si no sabemos qué tan atractivos somos; no sabemos lo exitosos que potencialmente podríamos ser. La única forma de alcanzar esas cosas es mantenerse con la incertidumbre que generan y estar abiertos a encontrarlas a través de la experiencia.

La incertidumbre es la raíz de todo el progreso y todo el crecimiento. Como dice el viejo adagio: "El hombre que cree que sabe todo, no aprende nada". No podemos aprender algo si antes no desconocemos algo. Mientras más admitamos que no sabemos, más oportunidades ganaremos para aprender.

Nuestros valores son imperfectos e incompletos, y asumir que son perfectos y completos es situarnos en una mentalidad peligrosamente dogmática que sólo derivará en sentirnos con derecho a todo y a evadir la responsabilidad. La única manera de resolver nuestros problemas es admitir primero que nuestras acciones y creencias hasta ese punto son equivocadas y no están funcionando.

Esta apertura a estar equivocado *debe* existir para que cualquier cambio real o cualquier crecimiento se materialice.

Antes de que podamos analizar nuestros valores y nuestras prioridades, y cambiarlos por unos mejores y más sanos, primero debemos *perder la certeza* de nuestros valores actuales. Debemos arrancarlos intelectualmente, ver nuestras fallas y sesgos, ver cómo no encajan mucho con el resto del mundo; debemos mirar de frente nuestra propia ignorancia y admitirla, porque nuestra propia ignorancia es mucho más grande que nosotros.

Ley manson de la evasión

Seguro has escuchado alguna forma de la Ley de Parkinson: "El trabajo se expande para llenar el tiempo disponible para su realización".

También sin duda has escuchado la Ley de Murphy: "Lo que puede salir mal, saldrá mal".

Bueno, la próxima vez que estés en una reunión muy sofisticada y quieras impresionar a todos, prueba contarles sobre la Ley de Manson de la Evasión: "

> Mientras más amenaza algo tu identidad, más lo evitarás".

Lo anterior significa que mientras más amenaza algo cambiar cómo te percibes, qué tan exitoso o fracasado te consideres, qué tan seguro te percibes de estar a la altura de tus valores, más evitarás decidirte a hacerlo.

Hay una especie de confort que surge de saber cómo y dónde encajas en el mundo. Cualquier cosa que sacuda ese confort —incluso si podría mejorar tu vida de manera trascendente—, causa miedo inherentemente.

La Ley de Manson aplica tanto a las cosas buenas de la vida como a las malas. Hacer un millón de dólares podría amenazar tu identidad tanto como perder todo tu dinero;

volverte una estrella de rock famosa podría amenazar tu identidad tanto como perder tu trabajo. Por eso la gente le tiene tanto miedo al éxito, por la misma razón por la que le temen al fracaso: porque amenaza la percepción de quienes creen ser.

Evitas escribir el guion que siempre has soñado porque hacerlo te obligaría a cuestionar tu identidad como ajustador de seguros. Evitas comentarle a tu esposo que quisieras más aventura en el dormitorio porque esa conversación cuestionaría tu identidad de mujer buena y moral. Evitas decirle a tu amigo que ya no deseas volver a verlo porque terminar esa amistad pondría en conflicto tu identidad como persona agradable y que sabe perdonar.

Éstas son oportunidades buenas e importantes que dejamos pasar porque amenazan cambiar cómo nos percibimos y cómo nos sentimos respecto de nosotros mismos. Amenazan los valores que hemos elegido y sobre los cuales hemos aprendido a regirnos.

Tenía un amigo que hablaba sin cesar de vender su arte en línea y tratar de convertirse en un artista profesional (o al menos semiprofesional). Platicó durante años de su proyecto, ahorró el dinero, incluso desarrolló varios sitios web y cargó su portafolios.

Pero nunca lo lanzó. Siempre hubo algún pretexto: la resolución de su trabajo no era suficientemente buena o justo acababa de pintar algo mejor o aún no estaba en posición de dedicarle el tiempo necesario.

Los años pasaron y nunca dejó su "trabajo real". ¿Por qué? Porque a pesar de soñar con vivir de su arte, la posibilidad real de convertirse en un *Artista que aún no le gusta a nadie* le producía más temor que ser un *Artista del que nadie ha escuchado*. Al menos, él estaba cómodo siendo —y ya se había acostumbrado a ser— un *Artista del que nadie ha escuchado*.

Tuve otro amigo que era muy fiestero; siempre salía de noche y perseguía chicas. Después de años de vivir "la gran vida", tristemente se quedó solo, deprimido y enfermo. Quería abandonar ese estilo de vida, hablaba con una envidia feroz de aquellos que tenían relaciones estables y habían "sentado cabeza" más que él. Sin embargo, nunca cambió. Pasaron los años, noche vacía tras noche vacía, mientras él bebía una botella después de otra. Siempre hubo una excusa. Siempre hubo una razón por la que no podía parar.

Renunciar a sus hábitos amenazaba demasiado su identidad. Él solo sabía ser el *Alma de la fiesta*. Renunciar a eso habría equivalido a cometer harakiri psicológico.

Todos tenemos valores sobre nosotros mismos y los protegemos. Tratamos de estar a la altura de ellos, los justificamos y los mantenemos. Incluso, aunque no queramos, así es como funciona nuestro cerebro. Como lo comenté antes, estamos injustamente sesgados hacia lo que ya conocemos, hacia lo que creemos que es verdadero. Si yo creo que soy un tipo agradable, evitaré situaciones que podrían contradecir esa creencia. Si creo que soy un chef maravilloso, buscaré oportunidades de probármelo a mí mismo una y otra vez. La creencia siempre prevalece. Hasta que no cambiemos cómo nos percibimos, en lo que creemos que somos y no somos, no podremos superar nuestra evasión y ansiedad. No podremos cambiar.

Bajo esta luz, "conocerte a ti mismo" o "encontrarte a ti mismo" puede ser peligroso. Puede consolidarte en un rol estricto y abrumarte con expectativas innecesarias. Puede aislarte de tu potencial interior y de las oportunidades exteriores.

Yo digo, *no te encuentres*. Yo digo, *nunca* sepas quién eres. Porque eso te mantendrá esforzándote y descubriendo. Y te forzará a mantenerte humilde en tus juicios y a aceptar las diferencias en los demás.

Mátate

El budismo postula que tu concepto de "quien eres" es un constructo mental arbitrario y que deberías dejar de aferrarte a la idea de que "tú" existes. Todos los parámetros arbitrarios mediante los cuales te autodefines acaban por atraparte; por ello, es mejor que te liberes de todo. En un sentido, podrías afirmar que el budismo te alienta a que te importe un carajo.

Suena extraño, pero este enfoque de vida presenta beneficios psicológicos. Cuando soltamos las historias que nos contamos de nosotros a nosotros mismos, nos liberamos para, finalmente, actuar (y fallar) y crecer.

Cuando alguien admite para sí misma: "¿Sabes?, quizá no estoy hecha para una relación", en ese momento queda libre de actuar y terminar su mal matrimonio. No tiene ninguna identidad qué proteger al permanecer en una mala relación conyugal sólo para probarse algo a sí misma.

Cuando el estudiante admite ante sí: "¿Sabes?, quizá no soy un rebelde, quizá sólo tengo miedo", entonces está libre para ser ambicioso de nuevo. No existe ninguna razón para sentirse amenazado de seguir sus sueños académicos y quizá fracasar.

Cuando el ajustador de seguros admite para sí mismo: "¿Sabes?, quizá no hay nada único o especial acerca de mis sueños o de mi trabajo", entonces se libera; puede iniciar la escritura de su guion y ver qué sucede.

Te tengo noticias buenas y malas: *hay muy poco que sea único o especial acerca de tus problemas.* Por eso dejarlos ir es tan liberador.

Hay un tipo de ensimismamiento que proviene del miedo basado en una certidumbre irracional. Cuando asumes que el avión en el que viajas es el que se estrellará o que la propuesta de tu proyecto es la idea estúpida de la que todos se burlarán o que eres aquel del que todos se mofarán o ignorarán, implícitamente estás diciéndote: "Soy la excepción. No me parezco a nadie más. Soy diferente y especial".

Esto es narcisismo, puro y simple. Sientes como si *tus* problemas merecieran un trato diferente, que *tus* problemas son tan únicos que no obedecen las leyes del universo físico.

Mi recomendación es: *no* seas especial, *no* seas único. Redefine tus parámetros de formas mundanas y amplias. Elige medirte a ti mismo no como una estrella naciente o como un genio aún no descubierto. Elige evaluarte a ti mismo no como una víctima terrible o como un triste fracaso.

En vez de ello, mídete con identidades más mundanas: un estudiante, una pareja, un amigo, un creador.

Mientras más estrecha y rara sea la identidad que elijas para ti, más parecerá amenazarte todo. Por esa razón, defínete en las formas más simples y ordinarias posibles.

Lo anterior con frecuencia significa renunciar a ideas de grandeza sobre ti mismo: que eres asombrosamente inteligente o espectacularmente talentoso o intimidantemente atractivo o especialmente victimizado en formas que la gente jamás podrá imaginar. Esto significa dejar de lado el sentirte con derecho a todo y dejar de creer que, por alguna razón, el mundo te debe algo. Esto significa renunciar a los bienestares emocionales efímeros en los que te has venido apoyando durante años. Como un adicto que deja la droga, pasarás por un periodo de abstinencia cuando empieces a dejar esas cosas, pero cuando llegues al otro lado del túnel, saldrás mucho mejor.

Cómo ser un poco menos seguro de ti mismo

Cuestionarnos y dudar de nuestros propios pensamientos y nuestras propias creencias es una de las habilidades más difíciles de desarrollar. Pero se puede lograr. Aquí planteo algunas preguntas que te ayudarán a crear un poco más de incertidumbre en tu vida.

Pregunta número uno. ¿Qué tal que estoy equivocado?

Una amiga mía se comprometió recientemente a casarse. El tipo que se le declaró es bastante decente. No toma.

No la golpea ni la maltrata. Es amigable y posee un buen empleo.

Pero desde el compromiso, el hermano de mi amiga ha estado molestándola sin parar sobre sus elecciones de vida inmaduras; le ha advertido que saldrá lastimada con ese hombre, que está cometiendo un error, que su comportamiento es irresponsable. Y cuando mi amiga le pregunta a su hermano: ¿Cuál es tu problema? ¿Por qué te molesta tanto mi futuro marido?", él actúa como si no existiera ningún problema, que nada del compromiso le molesta, que sólo procura ser útil y proteger a su hermana pequeña.

Pero está claro que algo le molesta. Quizá son sus propias inseguridades sobre el matrimonio. Quizás es una cosa de rivalidad entre hermanos. Quizás es envidia. Quizás se deba a que él se halla tan atrapado en su propia victimización que no sabe cómo demostrar felicidad por los demás sin intentar primero hacerlos sentir miserables.

Como regla general, todos somos los peores observadores de nosotros mismos. Cuando estamos enojados o celosos o molestos, generalmente somos los últimos en darnos cuenta. Y la única forma de notarlo es hacerle unas grietas a nuestra armadura de certidumbre y cuestionarnos lo equivocados que podemos estar sobre nosotros mismos.

"¿Estoy celoso? Y si lo estoy, ¿por qué?", "¿Estoy enojado?", "¿Tiene razón ella y sólo protejo mi ego?"

Preguntas como las anteriores deben convertirse en un hábito mental. En muchos casos, el simple acto de cuestionarnos genera la humildad y la compasión requeridas para resolver un montón de cosas.

Pero es importante destacar que sólo porque te preguntes si tienes la idea equivocada, no significa que la tengas. Si tu marido te golpea hasta el cansancio porque quemaste una sartén y te preguntas si estás equivocada por creer que te está maltratando... caray, a veces tienes la razón. La meta es meramente hacer la pregunta y considerar el pensamiento en ese momento, no que te odies.

Vale la pena recordar que para que cualquier cambio suceda en tu vida, *tienes que estar equivocado respecto a algo*. Si estás sentado ahí, sintiéndote miserable día tras día, entonces significa que ya estás equivocado sobre algo muy importante en tu vida y hasta que seas capaz de hacerte preguntas para descubrir qué sucede, nada cambiará.

Pregunta número dos. ¿Qué significaría si estoy equivocado?

Muchas personas son capaces de preguntarse si están equivocadas, pero pocas son capaces de ir un paso más allá y admitir qué significaría si estuvieran equivocadas; eso es porque el significado potencial detrás de nuestro "estar equivocados" a menudo es doloroso. No sólo obliga a cuestionar nuestros valores, sino que nos fuerza a considerar cómo otro valor diferente y contradictorio podría verse y sentirse en potencia.

Aristóteles escribió: "Ser capaz de considerar un pensamiento, sin aceptarlo, es la marca de una mente educada". Ser capaz de ver y evaluar diferentes valores sin necesariamente adoptarlos es quizá *la* habilidad central requerida para cambiar la propia vida de una manera significativa.

Respecto al hermano de mi amiga, la pregunta que debería hacerse a sí mismo sería: "¿Qué significaría si estoy equivocado respecto de la boda de mi hermana?" A veces la respuesta a semejante cuestión es muy clara (y sería algo así como: "Estoy siendo un cabrón egoísta-inseguro-narcisista"). Si él *está* equivocado y el compromiso de su hermana está bien, es feliz y es sano, entonces en verdad no hay forma de explicar su propio comportamiento más que a través de sus propias inseguridades y valores de porquería. Él asume que sabe lo que es mejor para su hermana y que ella es incapaz de tomar decisiones de vida importantes por sí misma; él se asume con el derecho y la responsabilidad de tomar esas decisiones por ella; él está seguro de que lo asiste la razón y que todos los demás deben estar equivocados.

Incluso una vez descubierto, ya sea en el hermano de mi amiga o en nosotros mismos, ese sentirse con derecho a todo es difícil de admitir. Duele. Por eso poca gente se formula las preguntas complicadas, pero dichos cuestionamientos de sondeo son necesarios para llegar al núcleo de los problemas que motivan su —y nuestra— conducta de idiotas.

Pregunta número tres. ¿Estar equivocado crearía un problema mejor o peor que mi problema actual, tanto para mí como para los demás?

Ésta es la prueba de fuego para determinar si contamos con valores buenos y sólidos o somos unos neuróticos asquerosos lanzando nuestra basura a todos, incluyendo a nosotros mismos.

La meta aquí es analizar qué problema es mejor. Porque, después de todo, como dijo el Panda de la Decepción, los problemas de la vida son interminables.

Para el hermano de mi amiga, ¿cuáles son sus opciones?

a) Continuar causando drama y fricción dentro de la familia, complicando lo que debería ser un momento feliz y lastimar la confianza y el respeto que siente por su hermana; todo porque tiene el presentimiento (algunos lo llaman *intuición*) de que aquel tipo no le conviene.

b) Desconfiar de su propia habilidad para determinar lo que está bien o mal en la vida de su hermana y permanecer humilde, confiar en su habilidad para tomar sus propias decisiones, e incluso, si no lo hace, vivir con los resultados por amor y respeto hacia ella.

Mucha gente escoge la opción a), pues representa el camino fácil. Requiere poco pensar, no dudar y cero tolerancia a las decisiones que no te agraden de los demás.

También crea el peor ambiente para todos los involucrados.

La opción b) es la que sustenta las relaciones sanas y felices, que extienden sus raíces en la confianza y el respeto. Dicha alternativa fuerza a las personas a mantenerse humildes y admitir su ignorancia. Asimismo, la opción b) le permite a las personas crecer más allá de sus inseguridades y reconocer situaciones en las que su comportamiento es impulsivo, injusto o egoísta.

Pero la opción b) es difícil de adoptar y es dolorosa, por eso mucha gente no la elige.

El hermano de mi amiga, en protesta por su compromiso nupcial, entró en una batalla imaginaria consigo mismo. Cierto, él creía que estaba tratando de proteger a su hermana, pero, como hemos visto, las creencias son arbitrarias; peor aún, generalmente se produjeron después del hecho, para justificar cualesquiera valores y parámetros que hemos elegido para nosotros. La verdad es que él prefería echar a perder la relación con su hermana antes que pensar que podría estar equivocado, a pesar de que la última opción podría ayudarlo a crecer y alejarse de sus inseguridades, mismas que lo hicieron estar equivocado en primer lugar.

Yo trato de vivir con pocas reglas, pero una que he adoptado con el paso de los años es la siguiente: si se trata de que yo esté equivocado o que los demás se equivoquen, es mucho, mucho, mucho más probable que sea yo quien está equivocado. He aprendido lo anterior a partir de la experiencia. He sido el idiota protagónico a través de mis propias inseguridades y mis certidumbres erróneas más veces de las que puedo contar. No es agradable, lo sé.

Eso no significa que no haya ciertas formas en que la mayoría de las personas esté equivocada. Y eso no significa que no existan momentos en los que estés más en lo cierto que la mayoría de la gente.

Esa es la simple realidad: si se siente como que eres tú contra el mundo, probablemente seas sólo tú contra ti mismo.

El fracaso es un paso hacia adelante

E n verdad lo digo en serio: fui afortunado.

Me gradué de la universidad en 2007, justo a tiempo para el colapso financiero y la Gran Recesión de Estados Unidos. Intenté entrar a trabajar en el peor mercado laboral en más de 80 años.

Casi al mismo tiempo, me enteré de que la persona a la que le rentaba una de las habitaciones de mi departamento no había pagado la renta desde hacía tres meses. Cuando la enfrenté, lloró y luego desapareció, dejándonos a otro compañero y a mí con el adeudo. Adiós ahorros. Me pasé los siguientes seis meses viviendo en el sofá de un amigo, con trabajos raros, uno tras otro, y tratando de mantenerme en el mínimo posible de mis deudas, mientras buscaba un "empleo de verdad".

Digo que fui afortunado porque entré al mundo adulto siendo ya un fracaso. Empecé desde el suelo. Ése es, básicamente, el mayor temor de todas las personas en la vida, cuando se enfrentan a un nuevo negocio, a un cambio de carrera o a renunciar a un trabajo detestable, y yo lo experimenté todo recién salido de la universidad. Las cosas sólo podían ir mejor.

Así que sí, fui afortunado. Cuando duermes en un futón maloliente, tienes que contar tus monedas con el fin saber si te alcanzará para comer en McDonald's durante la semana y has mandado 20 solicitudes de trabajo sin que ninguna haya obtenido respuesta, entonces empezar un blog y un estúpido negocio de internet no te suena tan descabellado. Si cada proyecto que inicié fracasaba, si cada entrada de blog que escribía no era leída, simplemente estaría de vuelta a donde había comenzado. Entonces, ¿por qué no tratar?

El fracaso, en sí mismo, es un concepto relativo. Si mi parámetro hubiera sido convertirme en un revolucionario anarco-comunista, entonces mi completo fracaso para hacer dinero entre 2007 y 2008 habría sido un exitazo. Pero si —como le ocurre a mucha gente— mi parámetro hubiera consistido simplemente en encontrar un primer empleo serio que me permitiera pagar algunas de mis deudas recién salido de la carrera universitaria, habría sido un triste fracasado.

Crecí en una familia rica. El dinero nunca fue un problema; por el contrario, en mi pudiente núcleo familiar los recursos monetarios por lo general se utilizaban para evitar problemas más que para resolverlos. Una vez más, fui afortunado, porque eso me enseñó desde temprana edad que hacer dinero, en sí mismo, representaba una mala idea para mí. Podías poseer mucho capital y ser miserable, así como podrías ser pobre y muy feliz. Por lo tanto, ¿para qué usar el dinero como un medio para medir mi valía personal?

En lugar de ello, mi valor radicaba en algo diferente. Era la libertad, la autonomía. La idea de ser un novel empresario siempre me atrajo porque odiaba que me dijeran qué hacer y prefería hacer las cosas a mi modo. La idea de trabajar en internet me atraía porque lo podía hacer desde cualquier lado y cuando quisiera.

Me formulé una simple pregunta: "¿Preferiría ganar relativamente bien y tener un empleo detestable, o sería mejor jugar al empresario de internet y ser pobre un rato? La respuesta fue inmediata y contundente: la segunda opción. Entonces me pregunté de nuevo: "Y si pruebo esto y fracaso en unos años y debo conseguir trabajo de nuevo, ¿en realidad habré perdido algo?" La respuesta fue *no*. En vez de ser un veinteañero sin dinero y sin empleo, sería un tipo de 25 años sin dinero, sin trabajo y sin experiencia. ¿A quién le importaba?

Con este valor, *no* perseguir mis propios proyectos se convertía en el fracaso, no la falta de dinero, ni dormir en los sofás de amigos y de familiares (lo cual continué haciendo por casi dos años más), ni tener un currículum vacío.

La paradoja del fracaso/éxito

Un día, cuando Pablo Picasso ya era un hombre mayor, sentado a la mesa de un café en España, dibujaba algo en una servilleta usada. Muy despreocupado, se dedicaba a bosquejar lo que le viniera en gana en ese momento, algo así como cuando los adolescentes garabatean partes masculinas en las paredes de los baños, excepto que en este caso se trataba de Picasso, así que sus falos de sanitario eran una genialidad cubista-impresionista plasmada sobre las manchas de café de aquella servilleta.

De cualquier modo, una mujer que estaba sentada cerca de él, lo observaba con admiración. Después de un rato, Picasso terminó de beber su café, arrugó la servilleta y se disponía a desecharla en su camino hacia la salida.

La mujer lo detuvo.

—Espere —dijo —. ¿Puedo conservar la servilleta en la que usted estaba dibujando? Le pagaré por ella.

—Claro —respondió Picasso—. Son 20 000 dólares.

La cabeza de la dama dio un latigazo hacia atrás como si el pintor le hubiera lanzado un ladrillo. —¿Qué? Le tomó como dos minutos dibujar eso.

—No, señora —contestó Picasso—, me tomó casi 60 años dibujar eso.

Dicho lo anterior, introdujo la servilleta en su bolsillo y se alejó del café.

La mejora de cualquier habilidad se basa en miles de pequeños fracasos y la magnitud de tu éxito se sustenta en el número de veces que fracasaste en algo. Si alguien es mejor que tú en algo, entonces es probable que lo sea porque ha fallado más veces que tú. Si alguien es peor que tú, entonces es probable que no haya pasado por todas las experiencias dolorosas de aprendizaje que has pasado tú.

Piensa en un niño pequeño que intenta aprender a caminar; el pequeño caerá y se lastimará cientos de veces, pero en ningún momento se detendrá a pensar: "Oh, supongo que caminar no es lo mío. No soy bueno para esto".

Evitar el fracaso es algo que aprendemos más tarde en la vida. Estoy seguro de que mucho de lo anterior proviene de nuestro sistema educativo, que juzga con rigor con base en el desempeño y castiga a quienes no les va bien. Otra parte de ese aprendizaje surge de padres déspotas o críticos que no les permiten a sus hijos equivocarse lo suficiente y, en lugar de ello, los castigan por tratar algo nuevo o que no pertenece al programa. Y luego tenemos a los medios masivos, que constantemente nos exponen a éxitos estelares una y otra vez, mientras que no nos muestran las miles de horas de práctica aburrida y tediosa que se requirieron para alcanzar ese éxito.

En algún punto, muchos de nosotros nos encontramos en un lugar donde nos da miedo el fracaso, donde instintivamente evitamos el fracaso y nos quedamos sólo con lo que está frente a nosotros o en lo que somos de verdad buenos.

Eso nos confina y nos sofoca. Sólo podemos ser verdaderamente exitosos en algo en lo que estamos dispuestos a fallar. Si no estamos dispuestos a fracasar, entonces no estamos dispuestos a lograr el éxito.

Mucho de este miedo al fracaso proviene de haber elegido valores de basura. Por ejemplo, si me mido por el estándar de "hacer que todos los que conozca se parezcan a mí", permaneceré ansioso, porque el fracaso está cien por ciento definido por las acciones de otros, no por mis propias acciones. No poseo control, por lo que mi valor personal está a merced del juicio de los demás.

Mientras que, si en vez de ello, adopto el parámetro *Mejorar mi vida social*, puedo estar a la altura del valor de "buenas relaciones con los demás", independientemente de cómo la gente me responda. Mi autoestima radica en mis propios comportamientos y mi felicidad.

Los valores mediocres, como vimos en el capítulo 4, incluyen metas tangibles externas fuera de nuestro control. La persecución de dichas metas causa mucha ansiedad e incluso si logramos alcanzarlas, nos dejan sintiendo vacíos y sin vida, porque una vez que los has alcanzado, no hay más problemas para resolver.

Los mejores valores, como ya comentamos, son aquellos orientados a procesos. Algo como: "Expresarme honestamente con los demás", un parámetro para el valor de la "honestidad", nunca está terminado por completo, es un problema con el cual debemos comprometernos de manera permanente. Cada nueva conversación, cada nueva relación trae retos y oportunidades para ser honesto con los demás sobre uno mismo. El valor es un proceso de por vida, que desafía la consecución.

Si tu parámetro para el valor "éxito bajo el estándar mundial" es "comprar una casa y un auto fino" y dedicas 20 años a trabajar de día y de noche para lograrlo, una vez que lo consigas, el criterio con el que calificaste ya no tiene nada más qué ofrecerte. Entonces dile hola a tu crisis de la mediana edad, porque el problema que le dio un sentido a tu vida adulta te ha sido arrebatado. Ya no hay más oportunidades de seguir creciendo y mejorando y, sin embargo, es el crecimiento lo que genera felicidad, no una larga lista de logros arbitrarios.

En ese sentido, las metas, como se definen de manera convencional —graduarte de la universidad, comprar una casa en el lago, perder siete kilos—, se constriñen a la cantidad de felicidad que pueden producir en nuestras vidas. Pueden ser útiles cuando persigues beneficios rápidos a corto plazo, pero como guías de tu trayectoria de vida, apestan.

Picasso se mantuvo prolífico durante toda su existencia. Vivió hasta los noventa y tantos años y continuó produciendo arte hasta sus últimos días. Si su parámetro hubiera sido "Ser famoso" o "Hacer toneladas de dinero en el mundo del arte" o "Pintar mil pinturas", en algún momento del camino se hubiera estancado. Se habría abrumado por la ansiedad o habría dudado de sí mismo. Probablemente no hubiera mejorado e innovado su arte en el modo como lo hizo década tras década.

La razón del éxito de Picasso es exactamente la misma razón por la que, ya de viejo, estaba feliz de hacer dibujos en una servilleta mientras tomaba, en solitario, un café. Su valor subyacente era simple y humilde. Y era infinito. Era el valor de "expresión honesta". Y eso es lo que hacía que aquella servilleta fuera tan valiosa.

El dolor es parte del proceso

En la década de los cincuenta, un psicólogo polaco de

nombre Kazimierz Dabrowksi estudió a los sobrevivientes de la Segunda Guerra Mundial para averiguar cómo manejaron las experiencias traumáticas del conflicto bélico. Se trataba de Polonia, así que las cosas habían estado muy terribles. Estas personas experimentaron o presenciaron inanición masiva, bombardeos que redujeron ciudades a escombros, el Holocausto, la tortura de los prisioneros de guerra y las violaciones o los asesinatos de miembros de su familia (si no por los nazis, años después sería a manos de los soviéticos).

Conforme Dabrowski analizaba a los sobrevivientes, notó algo tanto sorprendente como increíble. Un gran porcentaje creía que las experiencias de guerra que sufrieron, a pesar de ser dolorosas y muy traumáticas, los había convertido en gente mejor, más responsable y sí, incluso los hizo más felices. Muchos describían sus vidas antes de la conflagración como si hubieran sido personas diferentes: gente desagradecida o que no apreciaba a sus seres queridos, flojos y consumidos por problemas sin importancia; se creían con derecho a todo lo que se les había dado. Después de la guerra se sentían más seguros, más confiados en sí mismos, más agradecidos, y las trivialidades de la vida y sus pequeñas molestias ya no les perturbaban.

Obviamente, sus experiencias fueron dramáticas no estaban felices de haber tenido que padecerlas. Muchos aún sufrían por las cicatrices emocionales que la guerra les había dejado. Pero algunos pudieron tomar esas cicatrices para transformarse a sí mismos de forma positiva.

Y estas personas no son las únicas en ese tipo de transformación. Para muchos de nosotros, los logros que más nos enorgullecen provienen de una gran adversidad. Nuestro dolor nos hace más fuertes, más resilientes, más centrados. Muchos sobrevivientes de cáncer, por ejemplo, reportan sentirse más fuertes y más agradecidos después de ganar la batalla para sobrevivir. Asimismo, el personal militar presenta resiliencia mental, ganada a partir de resistir los peligrosos ambientes de una zona de guerra.

Dabrowksi discutía que el miedo, la ansiedad y la tristeza no necesariamente son siempre estados mentales indeseables o inútiles, por lo general son representativos del dolor necesario para el crecimiento psicológico. Negar ese dolor es negar nuestro propio potencial. Justo así como sufrimos un dolor físico para construir huesos y músculos más fuertes, uno debe sufrir dolor emocional para desarrollar una resiliencia emocional mayor, una autoconciencia más fuerte, un incremento en la compasión y una vida más feliz en general.

Nuestros cambios más radicales de perspectiva por lo regular suceden al final de nuestros peores momentos. Es sólo cuando sentimos dolor intenso que estamos dispuestos a voltear a ver nuestros valores y cuestionar por qué parecen estar fallándonos. *Necesitamos* una especie de crisis existencial para mirar objetivamente cómo hemos perdido el sentido de nuestra vida y luego considerar cambiar el curso.

Podrías definirlo como "tocar fondo" o "tener una crisis existencial". Yo prefiero llamarlo "capotear la lluvia de excremento". Escoge el que mejor te convenga.

Quizás en este instante te halles en esa clase de lugar. Quizás estás saliendo del reto más significativo de tu vida y te sientes asombrado porque todo lo que con anterioridad creías verdadero, normal y bueno, ha resultado ser lo opuesto.

Y es bueno: es el comienzo. No puedo enfatizar esto lo suficiente, pero *el dolor es parte del proceso*. Es importante que *lo sientas*. Porque si sigues persiguiendo bienestares efímeros para tapar el dolor, si continúas complaciéndote en sentirte con derecho a todo y en un pensamiento positivo irreal, si continúas atiborrándote de sustancias o actividades, entonces nunca generarás la motivación requerida para —de veras— cambiar.

Cuando era joven, cada vez que mi familia compraba una nueva videocasetera o un estéreo, yo iba y presionaba cada botón, conectaba y desconectaba cada cable, sólo para ver qué hacía cada cosa. Con el tiempo, aprendí cómo funcionaba el sistema completo. Y porque sabía cómo funcionaba, a menudo yo era la única persona en la casa que usaba esos aparatos.

Como es el caso de muchos niños *millenials*, mis papás me veían como un prodigio. Para ellos, el hecho de que yo pudiera programar la videocasetera sin tener que ver el manual de instrucciones me hacía parecer la reencarnación de Nikola Tesla.

Es fácil voltear a ver a la generación de mis papás y sonreír ante su tecnofobia, pero mientras más me hago adulto, más me doy cuenta de que todos tenemos áreas de nuestras vidas en las que somos como mis procreadores con su nueva videocasetera: nos sentamos, las observamos, sacudimos nuestras cabezas y decimos: "¿Pero cómo funciona?" Cuando, en realidad, es tan fácil como simplemente prenderla.

Recibo correos electrónicos de gente que me pregunta ese tipo de cosas todo el tiempo y por muchos años nunca he sabido qué contestar.

Hay una chica cuyos padres son inmigrantes y ahorraron toda su vida para poder pagarle la escuela de medicina. Pero ahora que está en la facultad, la odia. Ella no quiere dedicar su vida a ser doctora, así que su mayor deseo es dejar los estudios. Sin embargo, se siente atrapada. Tan atrapada, de hecho, que terminó enviándole un correo a un extraño en internet —yo— para plantearle una pregunta boba y obvia: "¿Cómo me salgo de la carrera de medicina?"

También está el caso de un tipo que se siente enamorado de su tutora. Y cada semana muere ante cada señal, cada risa, cada sonrisa, cada distracción que termina en plática trivial, y me envía correos-novela de 28 páginas para concluir con la pregunta: "¿Cómo la invito a salir?" O la madre soltera cuyos hijos, ahora adultos, han terminado sus estudios profesionales y siguen de vagos en su sala, aún comen de sus alimentos, gastan su dinero y no respetan su espacio o su deseo de privacidad. Ella anhela que sigan con sus vidas. Desea seguir con *su propia* vida y, sin embargo, tiene miedo de que sus vástagos lo tomen a mal y se alejen; siente tanto pavor, que me ha preguntado: "¿Cómo les pido que se muden?"

Éstas son preguntas de videocasetera. Desde afuera, la respuesta es simple: cállate y hazlo.

Pero desde el interior, desde la perspectiva de cada una de esas personas, dichas cuestiones parecen complejas, imposibles y oscuras, como si se tratara de acertijos existenciales envueltos en enigmas dentro de una caja de Kentucky Fried Chichen llena de cubos Rubik.

Las preguntas de videocasetera son divertidas porque la respuesta resulta difícil de obtener para quien las formula y parece fácil para quien no las tiene.

El problema aquí es el dolor. Llenar el papeleo necesario para salirse de la facultad de medicina es una acción clara y obvia, romperle el corazón a tus padres no. Pedirle a tu tutora una cita es tan simple como externar las palabras, arriesgarse a pasar un momento muy embarazoso y ser rechazado es mucho más complicado. Pedirle a alguien que se vaya de tu casa es una decisión limpia, sentir que estás desamparando a tus propios hijos no.

Durante gran parte de mi adolescencia y de mi vida juvenil, luché contra la ansiedad social. Pasaba los días distrayéndome con videojuegos y por las noches bebía o fumaba para evadir mi inquietud. Durante muchos años, el sólo pensar en hablar con un extraño —en especial si se trataba de alguien atractivo-interesante-popular-inteligente— me resultaba imposible. Pasé muchos años aturdido, formulándome tontas preguntas de videocasetera:

"¿Cómo es que sólo vas y platicas con una persona, así como así? ¿Cómo puede alguien *hacer* eso?"

Tenía cualquier cantidad de creencias equivocadas sobre lo anterior, como si tuviera prohibido hablarle a alguien a menos que una razón práctica justificara hacerlo; o temía que las mujeres pensaran que era un oscuro violador si les dirigía un simple "Hola".

El problema se debía a que mis emociones definían mi realidad. Porque *sentía* que la gente no deseaba hablar conmigo, llegué a creer que la gente no quería hablar conmigo. Y así, mi pregunta de videocasetera: "¿Cómo voy y platico con alguien, así como así?"

Al fracasar en separar lo que yo *sentía* de lo que *era*, no podía salir mí mismo y ver el mundo tal y como es: un simple lugar donde dos personas pueden acercarse, nada más por que sí, y platicar.

Mucha gente, cuando padece alguna forma de dolor, irritación o tristeza, abandona todo y se dedica a anestesiar lo que están sintiendo. Su meta es regresar a "sentirse bien" tan pronto como sea posible, incluso si eso significa utilizar sustancias, evadirse o regresar a sus valores de porquería.

Aprende a soportar el dolor que has elegido. Cuando eliges un nuevo valor, optas por introducir una nueva forma de dolor en tu vida. Disfrútala. Saboréala. Dale la bienvenida con los brazos abiertos. Y luego actúa *a pesar* del sufrimiento.

No mentiré: te resultará demasiado complicado al principio, pero puedes comenzar con algo sencillo. Te sentirás como si no supieras qué hacer, pero ya discutimos esto, no sabes nada. Incluso cuando crees que lo sabes, en realidad

no tienes idea de qué carajos estás haciendo. Así que, ¿qué
puedes perder?

La vida se trata de no saber y luego hacer algo de todas
formas. *Toda* la vida es así. Nunca cambia. Incluso cuando eres feliz. Incluso si expeles gases de polvo de hadas.
Incluso si ganas la lotería y compras una pequeña flotilla
de motos acuáticas, aun así, no sabrás qué demonios estás
haciendo. Nunca lo olvides. Y jamás tengas miedo de eso.

El principio de "haz algo"

En 2008, después de mantener un trabajo por seis largas
semanas, renuncié a él para dedicarme a un negocio en línea.

En ese momento, no tenía ninguna idea de lo que estaba haciendo, pero se me ocurrió que, si iba a ser pobre y
miserable, lo sería trabajando bajo mis propios términos.
En ese momento, también, lo único que parecía importarme en verdad era perseguir chicas. Así que, al carajo, decidí
abrir un blog sobre mi alocada vida amorosa.

Esa primera mañana que desperté como trabajador independiente, el terror pronto empezó a consumirme. Me
encontré sentado frente a mi laptop y, por primera vez, me
di cuenta de que era totalmente responsable de *todas* mis
decisiones, así como de su consecuencias. Yo era el responsable de aprender por mi cuenta a diseñar páginas web,
mercadotecnia en internet, optimización de buscadores y
otros temas igual de esotéricos. Ahora el peso recaía sobre
mis hombros. Hice lo que cualquier chavo de 24 años —
que recién renunció a su empleo y no sabe hacia dónde

orientarse— haría: descargué varios juegos de computadora y evité trabajar como si se tratara de una enfermedad infecciosa.

Conforme transcurrían las semanas y mi cuenta bancaria cambió de números negros a rojos, tenía claro que debía pensar una estrategia para comprometerme a trabajar las 12 o 14 horas al día necesarias para sacar adelante un negocio desde cero. Y ese plan provino de un lugar inesperado.

Cuando cursaba la preparatoria, mi maestro de matemáticas, el señor Packwood, decía: "Si estás atorado en un problema, no te sientes a pesar en él; comienza a trabajar en él. Incluso si no sabes lo que estás haciendo, el simple acto de trabajar en él eventualmente propiciará que las buenas ideas surjan de tu mente".

Durante ese periodo inicial de trabajar por mi cuenta, cuando luchaba y me esforzaba a diario, completamente confundido sobre qué hacer y aterrorizado por los resultados (o la falta de los mismos), el consejo de Packwood comenzó a llamarme desde los recovecos de mi pensamiento. Lo escuchaba como un mantra:

No estés ahí sentado nada más. *Haz* algo.
Las respuestas llegarán después.

Durante el tiempo que apliqué el consejo de mi profesor de matemáticas, aprendí una poderosa lección sobre la motivación. Tan sólo me llevó ocho años comprender esa lección, pero lo que descubrí en esos largos y difíciles meses de bomberazos para lanzar de productos, columnas de consejos irrisorias, noches incómodas en los sofás de mis amigos, cuentas bancarias sobregiradas y cientos de miles de palabras escritas (la mayoría de ellas no leídas), fue quizá lo más importante que he aprendido en mi vida.

La acción no sólo es efecto de la motivación; también es causa de ella.

Muchos de nosotros sólo nos comprometemos con la acción si sentimos cierto nivel de motivación. Y sentimos motivación sólo cuando experimentamos suficiente inspiración emocional. Asumimos que esos pasos ocurren en una especie de reacción en cadena, como la siguiente:

Inspiración emocional → Motivación → Acción deseada

Si quieres lograr algo, pero no te sientes motivado o inspirado, entonces asumes que estás jodido. No hay nada que puedas hacer. Sólo hasta que un gran evento emocional sucede en tu vida puedes generar suficiente motivación para levantarte del sillón y hacer algo.

El problema con la motivación es que no solamente es una cadena de tres partes, sino un ciclo infinito:

Inspiración → Motivación → Acción → Inspiración → Motivación → Acción→ Etcétera

De ese modo, tus acciones crean más reacciones emocionales e inspiraciones y empiezan a motivar tus acciones futuras. Al aprovechar este conocimiento, podemos reorientar nuestra mentalidad de la siguiente manera:

Acción → Inspiración → Motivación

Si te falta la motivación para conseguir un cambio importante en tu vida, haz algo —de veras, lo que sea— y aprovecha la reacción a esa acción como una manera de empezar a motivarte.

Yo lo llamo el principio de "Haz algo". Después de emplearlo para construir mi propio negocio, comencé a compartirlo con los lectores que recurrían a mí, desconcertados ante sus propias preguntas de videocasetera: "¿Cómo aplico para un trabajo?" o "¿Cómo le digo a este tipo que quiero ser su novia?", y cosas por el estilo.

Durante los primeros años que trabajé para mí mismo, a veces podían pasar semanas enteras sin que lograra mucho, por ninguna otra razón salvo que estaba ansioso y estresado sobre lo que tenía que hacer y era más fácil posponerlo. Pronto aprendí, sin embargo, que forzarme a hacer *algo*, incluso la más sosa de las tareas, rápidamente propiciaba que la tarea mayor pareciera más fácil. Si tenía que rediseñar un sitio web entero, me forzaba a sentarme y a pensar: "Okey, por el momento sólo diseñaré el encabezado". Pero después de que el encabezado quedaba listo, me seguía de filo a elaborar otras partes del sitio, y antes de que me diera cuenta, ya me sentía con energía y totalmente compenetrado en el proyecto.

El autor Tim Ferriss cuenta que alguna vez escuchó hablar de un literato que había escrito más de 70 novelas. Alguien le preguntó a este hombre de letras cómo podía escribir de manera tan consistente y permanecer inspirado y motivado. Él señaló: "Doscientas malas palabras al día, así es como lo consigo". La idea era que, si se forzaba a escribir 200 palabras diarias, con frecuencia el acto de escribir lo inspiraría y, sin darse cuenta, ya tendría cientos de frases en una página.

Si seguimos el principio de "Haz algo", el fracaso se *siente* poco importante. Cuando el estándar de éxito se convierte en meramente actuar —cuando *cualquier* resultado se percibe como progreso e importante, cuando la inspiración se mira como una recompensa más que como un prerrequisito—, nos impulsamos hacia adelante. Nos sentimos libres de fracasar y ese fracaso nos proyecta hacia adelante.

El principio de "Haz algo" no solamente nos permite superar el aplazamiento de las cosas, sino que es también el proceso por el que adoptamos nuevos valores. Si te encuentras en medio de una lluvia de excremento existencial y todo te parece carente de significado —si todas las formas en las que acostumbrabas evaluarte se han quedado cortas y no tienes idea de qué sucederá después, si sabes que te has estado lastimando al perseguir sueños falsos o si sabes que hay un mejor parámetro sobre el cual deberías calificarte, pero no sabes cómo—, la respuesta es la misma: "Haz algo".

Ese *algo* puede ser la más pequeña y viable de las acciones, dirigida hacia algo más. Puede ser lo que sea.

¿Aceptas que has sido un idiota que se siente con derecho a todo en sus relaciones y quieres empezar a desarrollar más compasión por los demás? Haz algo. Comienza con algo sencillo. Proponte la meta de escuchar los problemas de alguien y dedicarle algo de tu tiempo a ayudar a esa persona. Hazlo tan sólo una vez. O prométete que asumirás que *tú* eres la raíz de tus problemas la próxima vez que te enojes. Tan sólo prueba esta idea y descubre cómo se siente.

A menudo, eso es todo lo que se requiere para conseguir que la bola de nieve comience a rodar, la acción idónea para inspirar la motivación de seguir adelante. Tú puedes convertirte en tu propia fuente de inspiración. Tú puedes convertirte en tu propia fuente de motivación. La acción siempre está al alcance. Y con un simple *hacer algo* como tu único parámetro de éxito, caray, incluso el fracaso te impulsa hacia adelante.

CAPÍTULO

8

La importancia de decir *no*

En 2008 reuní todas mis posesiones, las vendí o las almacené, dejé mi departamento y me puse en camino hacia Latinoamérica. Para ese momento, mi pequeño blog de consejos de ligue ya estaba atrayendo adeptos y conseguí ganar una modesta cifra de dinero al vender mis contenidos en documentos pdf y cursos en línea. Planeaba dedicarme los siguientes años a vivir en el extranjero, conociendo nuevas culturas y aprovechando el menor costo de vida que prevalece en algunos países en desarrollo en Asia y Latinoamérica para acrecentar mi negocio. Era el sueño de nómada digital, y como buen veinteañero en busca de aventuras, representaba exactamente lo que quería de la vida.

Pero tan sensual y heroico como sonaba mi plan, no todos los valores que impulsaban mi estilo de vida nómada eran buenos. Tenía algunos admirables como mi sed por conocer el mundo, la curiosidad por su gente y su cultura, y unas legítimas ganas de buscar aventura. Pero también existía un esbozo de culpa debajo de todo lo demás. En ese momento casi no era consciente de ello, pero sí muy honesto conmigo mismo, sabía que había algún valor equivocado rondando cerca de la superficie. No lo podía ver, pero en los momentos de quietud, cuando actuaba con honestidad, lo podía sentir.

Adicional a la creencia de sentirme con derecho a todo durante mis veinte, la "etapa verdaderamente traumática" de mi adolescencia me dejó un lindo paquete de problemas con el compromiso. Pasé los últimos años sobrecompensando la sensación de insuficiencia y ansiedad social de mi etapa adolescente y como resultado consideraba que podía conocer a quien yo quisiera, ser amigo de quien yo quisiera, amar a quien yo quisiera, tener sexo con quien yo quisiera... Así que, ¿para qué comprometerme con una sola persona, o incluso con un único grupo social, una sola ciudad, un país o una cultura? Si *podía* experimentar cualquier cosa por igual, entonces *debería* experimentarlas del mismo modo, ¿no?

Armado con este sentimiento grandioso de conectividad con el mundo, iba de un lado a otro entre países y océanos, en un juego de ping-pong que duró más de cinco años. Visité 55 naciones, hice decenas de amigos y me encontré en los brazos de un buen número de amantes, amigos que pronto fueron reemplazados y amantes que olvidé durante el vuelo hacia el siguiente destino.

Era una vida extraña, repleta de experiencias fantásticas y que me abrieron el horizonte, pero también de bienestares efímeros diseñados para adormecer el dolor que subyacía. Se sentía tan profundo y tan poco significativo al mismo tiempo, y aún me lo sigue pareciendo. Algunas lecciones más grandes de vida y momentos que definieron mi carácter sucedieron durante este periodo; pero algunos de mis más grandes desperdicios de tiempo y energía también ocurrieron durante la misma etapa.

Ahora vivo en Nueva York. Tengo una casa bien amueblada, una renta mensual de electricidad y una esposa. Nada de eso es en especial glamoroso o emocionante. Y me gusta que sea así, porque después de años de emociones, la lección más grande que aprendí de mis aventuras fue la siguiente: la libertad absoluta, en sí misma, no significa nada.

La libertad te brinda la oportunidad de un significado mayor, pero en sí misma no hay nada necesariamente significativo sobre ella. Total, la única forma de encontrar un significado y un sentido de importancia en la propia vida es a través del rechazo de alternativas, una *reducción* de la libertad, comprometerse a un sólo lugar, a una creencia o (¡gulp!) a una persona.

Esta toma de conciencia la adquirí lentamente durante mis años de viajero. Como con la mayoría de los excesos en la vida, tienes que ahogarte en ellos para darte cuenta de que no te hacen feliz. Así me pasó al viajar. Conforme me ahogaba en el país 53, 54 y 55, comencé a entender que, aunque todas mis experiencias resultaron emocionantes y fenomenales, pocas tendrían un significado duradero. Mientras que mis amigos en Estados Unidos comenzaban a casarse, a comprar casas y a dedicar su tiempo a relaciones interesantes o temas políticos, yo flotaba de un bienestar efímero a otro.

En 2011 viajé a San Petersburgo, Rusia. La comida era espantosa. El clima igual (¿nieve en mayo?, ¿en serio?). Mi departamento era paupérrimo. La gente se comportaba grosera y olía extraño. Nadie sonreía y todos bebían demasiado. Sin embargo, amé la ciudad. Fue uno de mis viajes favoritos.

Hay cierta franqueza en la cultura rusa que por lo general no le agrada a los occidentales. Allá no se andan con falsas delicadezas ni telarañas verbales de cortesía. No le sonríen a los extraños ni fingen que les gusta algo que no. En Rusia, si algo es estúpido, dices que es estúpido. Si alguien es un cabrón, le dices que se comporta como un cabrón. Si en realidad te gusta alguien y estás pasando un buen momento, le externas que te gusta y que te estás pasando un buen momento. No importa si esa persona es tu amiga, un extraño o alguien a quien conociste hace cinco minutos en la calle.

La primera semana allí, todo esto me pareció incómodo. Fui a tomar un café con una chica rusa y a los tres minutos de estar sentados, me miró raro y me recriminó que lo que acababa de comentarle sonaba estúpido. Casi me ahogué con mi bebida. No había nada combativo en la forma como lo expresó, habló con naturalidad, como si se tratara de un hecho mundano —como si hablara de las condiciones climáticas que imperaban durante ese día o me compartiera qué número de calzado usaba—, pero, aun así, me sorprendió. Después de todo, en Occidente ese tipo de franqueza es vista como algo ofensivo, en especial si proviene de alguien a quien recién conociste. Pero así sucedía con todos. Todos parecían groseros todo el tiempo, y como resultado, mi ser occidental mimado se sentía atacado por todos los flancos. Mis persistentes inseguridades comenzaron a aflorar en situaciones donde nunca habían existido.

No obstante, conforme transcurrían las semanas, me acostumbré a la franqueza rusa, así como a sus atardeceres de medianoche y al vodka que se tomaba como agua corriente. Y ahí empecé a apreciarla por lo que de verdad era: una expresión sin adulterar. La honestidad en la forma más verdadera de la palabra. Comunicación sin condiciones, sin ataduras, sin motivos ulteriores, sin tratar de vender algo, sin un intento desesperado por caer bien.

De alguna manera, después de años de viajar, éste fue quizás el lugar menos "estadounidense" donde experimenté por primera vez un sabor particular de libertad: la capacidad de decir lo que pensaba o sentía, sin miedo a las repercusiones. Era una extraña forma de liberación, a través del rechazo. Y al ser alguien ávido de este tipo de expresión franca durante casi toda mi existencia —primero por una vida familiar reprimida en términos emocionales, luego por un falso despliegue de confianza construido con meticulosidad—, me embriagué en ella como si se tratara del vodka más fino que jamás hubiera probado. El mes que pasé en San Petersburgo se fue en un abrir y cerrar de ojos, y cuando llegó el momento, no me quería ir.

Viajar es una fantástica herramienta de desarrollo personal, porque te libra de los valores de tu cultura y te muestra que otra sociedad puede vivir con valores completamente diferentes y aun así funcionar, y no odiarse entre sí. Esta exposición a diferentes valores culturales y parámetros, entonces, te obliga a reexaminar lo que parece obvio en tu vida, y a considerar que quizá no es necesariamente la mejor manera de vivir. En este caso, Rusia me hizo reexaminar la comunicación superflua y falazmente amigable —tan común en la cultura anglosajona— y preguntarme si lo anterior no propiciará, de alguna forma, que nos tornemos más inseguros entre nosotros y nos comportemos peores en la intimidad.

Recuerdo un día haber discutido dicha dinámica con mi maestro de ruso y él tenía una historia interesante. Habiendo vivido bajo el comunismo por tantas generaciones, con nula o mínima oportunidad económica y enjaulada en la cultura del miedo, la sociedad rusa descubrió que la moneda más valiosa es la confianza. Y para construir confianza debes ser honesto. Eso significa que cuando las cosas va mal, lo expresas abiertamente y sin disculpas. Las muestras de honestidad desagradable fueron ovacionadas por el simple hecho de que resultaban necesarias para la supervivencia: tenías que saber en quién podías apoyarte y en quién no, y necesitabas saberlo rápido.

Pero en el Oeste "libre" —según mi profesor— existía una abundancia de oportunidad económica;tanta oportunidad económica que se volvió más valioso presentarte de una cierta forma, incluso si era falsa, antes que en verdad ser así. La confianza perdió su valor. Las apariencias y el arte de vender se transformaron en maneras de expresión más ventajosas. Conocer a mucha gente de modo superficial era más benéfico que conocer a pocas personas de manera cercana.

Por eso, sonreír y externar frases cordiales se convirtió en la norma en las culturas occidentales; decir mentiras blancas y estar de acuerdo con alguien, aunque no estés de acuerdo. Por eso la gente aprende a fingir que es amiga de gente que no le cae bien, a comprar cosas que en realidad no quiere. El sistema económico promueve esta clase de engaño.

El problema de lo anterior es que nunca sabes, en el Oeste, si puedes confiar por completo en la persona con la que estás hablando. A veces, este caso incluso se da entre buenos amigos o familiares. Hay tanta presión en Occidente por agradar, que la gente con frecuencia reconfigura totalmente su personalidad, dependiendo de la persona con la que esté tratando.

El rechazo hace tu vida mejor
Como extensión de nuestra cultura de la positividad y del consumismo, a muchos de nosotros nos han "adoctrinado" con la creencia de que deberíamos estar inherentemente dispuestos a aceptar a los demás y a mostrarnos tan afirmativos como sea posible. Ésta es la piedra angular de muchos libros de pensamiento positivo: ábrete a las posibilidades, acepta, di sí a todo y a todos, etcétera.

Pero *necesitamos* rechazar algo; de otro modo, no mantenemos ninguna postura hacia nada. Si nada es mejor o más deseable que otra cosa, entonces estamos vacíos y nuestra vida no tiene sentido. Nos quedamos sin valores y, en consecuencia, vivimos la vida sin ningún propósito.

A menudo nos venden la idea de evitar el rechazo (tanto darlo como recibirlo) como una manera de hacernos sentir mejor, pero evitar el rechazo te otorga un placer a corto plazo; nos deja sin guía y sin dirección en el largo plazo.

Para apreciar algo de verdad debes constreñirte a ello. Existe un cierto nivel de dicha y significado que alcanzas en la vida sólo después de haberte dedicado por décadas a una única relación, a un único arte, a una sola carrera. Y no puedes pasar por todas esas décadas de dedicación sin rechazar las alternativas.

El acto de elegir un valor para ti mismo requiere rechazar valores alternativos. Si yo elijo que mi matrimonio sea lo más importante en mi vida, significa que (probablemente) estoy eligiendo que las orgías con prostitutas adictas a la cocaína no sean una parte importante de mi vida. Si elijo juzgarme a mí mismo con base en mi habilidad para tener amistades abiertas y que me acepten como soy, significa que estoy rechazando hablar mal de mis amigos a sus espaldas. Son decisiones sanas y, sin embargo, ameritan el rechazo en varios momentos.

El punto es el siguiente: a todos nos debe importar *algo*, para poder *valorar* algo. Y para valorar ese algo, debemos rechazar lo que es *contrario*. Para valorar X, debemos rechazar lo que no es X.

El rechazo es parte inherente y necesaria para mantener nuestros valores y, por ende, nuestra identidad. Nos define lo que elegimos rechazar. Y si no rechazamos nada (quizá por miedo a ser rechazados), en esencia no tenemos identidad.

El deseo de evitar el rechazo a como dé lugar, de evitar la confrontación y el conflicto, el deseo de intentar aceptar todo a partes e iguales y de hacer que todo sea coherente y armónico es una forma profunda y sutil de sentirse con derecho a todo. La gente que adopta esa conducta, al creer que merece sentirse estupenda todo el tiempo, evita rechazar algo porque al hacerlo podría causar que ella misma o alguien más se sienta mal. Y como se rehúsa a rechazar algo, vive una vida sin valores, orientada al placer y egocéntrica. Todo lo que les importa a esta clase de personas es mantener ese bienestar efímero un ratito más, evitar los fracasos ineludibles de su vida y fingir que no sufren.

El rechazo es una habilidad de vida, importante y crucial. Nadie desea estar atrapado en una relación que no les genera felicidad. Nadie quiere atascarse en un negocio desempeñando una labor que odia y en la que no cree. Nadie quiere sentir que no puede decir lo que verdaderamente piensa.

Sin embargo, la gente elige esas cosas. Todo el tiempo.

La honestidad es un anhelo naturalmente humano, pero para conseguirla es indispensable mantenerse cómodo con expresar y escuchar la palabra *no*. De esa manera, el rechazo en verdad contribuye a que mejoremos nuestras relaciones y a que nuestras vidas emocionales sean más sanas.

Límites

Hace tiempo existieron dos jóvenes —un chico y una chica— cuyas familias se odiaban. Pero el chico se coló a una fiesta organizada por la parentela de la chica porque, en realidad, era un cabrón. La chica ve al chico y los ángeles le cantaron tan hermoso al oído que de manera instantánea se enamoró de él. Justo así. De modo que él se vuelve a colar a su jardín y ambos deciden casarse *al maldito día siguiente*, porque, ya sabes, es súper lógico, en especial cuando los padres quieren matarse entre ellos. Días después, sus familias se enteran del matrimonio y hacen un tremendo berrinche. Muere Mercucio. La chica está tan triste que bebe una poción que la pondrá a dormir durante dos días. Pero, por desgracia, la novel pareja aún no ha aprendido los tejes y manejes de una buena comunicación marital, y a ella se le olvida por completo mencionarle algo de eso a su nuevo marido. Entonces él malinterpreta el coma inducido de su nueva esposa y cree que se ha quitado la vida, lo cual propicia que pierda la cordura y decida suicidarse al pensar que se reunirá con su amada en el más allá o algo así. De ese modo, a los dos días ella despierta del letargo sólo para enterarse de que su marido se ha suicidado, así que *ella* también se mata. Fin.

Romeo y Julieta es sinónimo de romance en nuestra cultura actual. Es vista como *la* historia de amor en la cultura anglosajona, un ideal emocional al que se debe aspirar. Sin embargo, cuando de veras te fijas en lo que sucede en la historia, los personajes están absolutamente locos. ¡Y se acaban de matar para probarlo!

Muchos estudiosos sospechan que Shakespeare escribió *Romeo y Julieta* no para celebrar el romance, sino para satirizarlo, para demostrar lo absolutamente loco que puede llegar a ser. Él no pretendía que su obra se convirtiera en una glorificación del amor. De hecho, buscaba exponer lo contrario: mostrarlo con un gran signo neón intermitente de "MANTÉNGASE FUERA" y con cinta de policía alrededor con la leyenda "NO PASE".

Durante mayor parte de la historia humana, el amor romántico no ha sido tan celebrado como lo es ahora. De hecho, hasta mediados del siglo xix, el amor era visto como un impedimento psicológico innecesario y demasiado peligroso en contra de las cosas más importantes de la vida, ya sabes, como arar la tierra o casarte con un tipo dueño de muchas ovejas. A los jóvenes, comúnmente se les forzaba a alejarse de las pasiones románticas en favor de matrimonios económicos más prácticos que les representara estabilidad propia y para sus familias.

Sin embargo, hoy nos excitamos con esa clase de amor locuaz. Eso domina nuestra cultura. Mientras más dramático, mejor. Ya sea Ben Affleck al intentar destruir un asteroide para salvar la Tierra por la chica que ama, o Mel Gibson al asesinar a cientos de ingleses y fantasear con su doncella asesinada, abusada y torturada hasta la muerte, o esa chica élfica que renuncia a su inmoralidad para estar con Aragorn en *El señor de los anillos*, o las comedias románticas estúpidas en las que Jimmy Fallon pierde sus boletos para presenciar los *playoffs* de los Red Sox porque Drew Barrymore tiene *necesidades* o algo así.

Si esa clase de amor romántico fuera cocaína, entonces, como cultura, todos seríamos como Tony Montana en
Cara cortada; hundiríamos nuestras fosas nasales en una
maldita montaña de coca mientras gritamos: "¡Díganle
hola a mi pequeño amigo!"

El problema es que estamos descubriendo que el amor
romántico es como la cocaína. Es peligrosamente similar a
la cocaína. Tan similar que estimula exactamente las mismas partes de tu cerebro. Tan similar que te produce una
sensación de bienestar efímero y hace que te sientas bien
un rato, pero crea tantos problemas como los que resuelve,
como la cocaína.

Muchos elementos que buscamos en el amor romántico, como las muestras de afecto dramáticas y embriagantes
en términos emocionales, la confusión de los altibajos, no
son ni sanos ni genuinas muestras de amor. De hecho, por
lo general sólo constituyen otro modo de sentirse con derecho a todo, externado a través de las relaciones personales.

Lo sé, eso me hace parecer un verdadero amargado. En
serio, ¿qué clase de tipo habla mal del amor romántico?
Sólo escúchame.

La verdad es que hay formas sanas de amar y formas
enfermizas de amar. El amor enfermizo se sustenta en dos
personas que intentan escapar de sus problemas a través
de las emociones que derivan de lo que sienten entre sí; en
otras palabras, se aprovechan uno del otro como una manera de escape. El amor sano surge cuando dos personas
reconocen y manejan sus propios problemas con el apoyo
mutuo, como pareja.

La diferencia entre una relación sana y una enfermiza se reduce a dos cosas: 1) qué tanto acepta cada persona en la relación la responsabilidad, y 2) la disposición de cada persona para rechazar y ser rechazado por su pareja.

Dondequiera que haya una relación enfermiza o tóxica, habrá un sentido de responsabilidad (en ambas partes) pobre y áspero, así como una incapacidad de dar o recibir rechazo. Dondequiera que haya una relación sana y amorosa, habrá límites claros entre las dos personas y sus valores, y habrá una avenida abierta para dar y recibir rechazo cuando sea necesario.

Cuando digo "límites" me refiero a delinear la responsabilidad de los problemas personales entre dos individuos. La gente en una relación sana con límites bien definidos asumirá la responsabilidad de sus propios valores y problemas, y no asumirá la responsabilidad por los valores y problemas de su pareja. La gente en una relación tóxica con límites mediocres o nulos evitará la responsabilidad de sus propios problemas o asumirá la responsabilidad de los problemas de su pareja.

¿Cómo son esos límites mediocres? Aquí expongo algunos ejemplos:

"No puedes salir con tus amigos sin mí. Ya sabes lo celosa que me pongo. Tienes que quedarte en casa conmigo".

"Mis compañeros de trabajo son unos idiotas, siempre hacen que me quede más tarde en las reuniones porque les tengo que decir cómo hacer su trabajo".

"No puedo creer que me hicieras sentir tan estúpida frente a mi propia hermana. ¡Nunca me lleves la contra frente a ella de nuevo!"

"Me encantaría tomar ese trabajo en Milwaukee, pero mi mamá nunca me perdonaría si me mudo tan lejos".

"Puedo salir contigo, pero, por favor, no se lo cuentes a Cindy. Es que se vuelve muy insegura cuando yo tengo novio y ella no".

En cada escenario, la persona asume la responsabilidad por problemas o emociones que no le pertenecen o está demandando que alguien más asuma la responsabilidad por *sus* problemas o emociones.

En general, la gente que se siente con derecho a todo cae en una de ambas trampas en sus relaciones: o esperan que el otro asuma la responsabilidad por sus problemas: "Yo quería un fin de semana relajado aquí en casa. Debías haber sabido eso y cancelar tus planes", o asumen demasiada responsabilidad por los problemas de otros: "Ella perdió de nuevo su trabajo, probablemente sea mi culpa porque no la apoyé como debía. Mañana le ayudaré a reescribir su currículum vitae".

Las personas que se sienten con derecho a todo adoptan esas estrategias en sus relaciones, como con todo, para no tener que asumir la responsabilidad de sus propios problemas. Como resultado, sus relaciones son frágiles y falsas, producto de evadir el dolor interno en lugar de apreciar y adorar a sus parejas genuinamente.

Lo anterior no solamente aplica para las relaciones románticas, por cierto, sino también para las relaciones familiares y las amistades. Una madre sobreprotectora podría asumir la responsabilidad de los problemas de sus hijos. Dicha actitud perpetuará en sus vástagos esa conducta de sentirse con derecho a todo, pues crecerán con la idea de que otro siempre deberán ser responsables de sus problemas.

(Por tal razón los problemas en tus relaciones románticas siempre son extrañamente parecidos a los problemas en la relación de tus padres.)

Cuando tienes áreas turbias de responsabilidad respecto de tus emociones y acciones —zonas en las que no queda claro quién es responsable de qué, de quién es la culpa, por qué estás haciendo lo que estás haciendo—, nunca desarrollas valores sólidos. Tu único valor *consiste* en hacer feliz a tu pareja. O tu único valor *consiste* en que tu pareja te haga feliz.

Esa conducta es autodestructivo, por supuesto. Y las relaciones que se caracterizan por dicha turbiedad por lo general se van a pique como el *Hindenburg*, con todo y fuegos artificiales, y el drama que lo acompaña.

La gente no puede resolver tus problemas por ti. Y no deberían intentarlo, porque no te hará feliz. Tú tampoco puedes resolver los problemas de los demás por ellos, porque eso tampoco los hará felices. La señal de una relación enfermiza son dos personas que tratan de resolver los problemas del otro, para poder sentirse bien consigo mismos. Por contraparte, una relación sana se da cuando dos personas resuelven sus propios problemas con el fin de sentirse bien uno respecto del otro.

El definir límites apropiados no significa que no puedas ayudar o apoyar a tu pareja o recibir ayuda y ser apoyado también. Ambos deberían apoyarse, pero sólo porque cada uno *elija* apoyar y ser apoyado, no porque te sientas obligado o con el derecho a hacerlo.

La gente que se siente con derecho a todo y que culpa a otros por sus propias emociones y acciones, lo hace porque cree que, si se presenta de manera constante como víctima, eventualmente alguien vendrá y la salvará, y entonces recibirá el amor que siempre ha deseado.

Las personas que se creen con derecho a todo, que asumen la culpa de las emociones y acciones de otros, lo hace porque piensan que, si pueden "arreglar" a su pareja y salvarla, recibirán el amor y el reconocimiento que siempre han anhelado.

Éste es el yin y el yang de cualquier relación tóxica: la víctima y el salvador, la persona que detona el incendio porque lo hace sentir importante, y la persona que apaga el incendio porque la hace sentir importante.

Ambas clases de individuos se atraen poderosamente entre sí y por lo general terminan juntos. Sus patologías se acomodan perfecto. Han crecido con padres de quienes —al de menos alguno de ellos— han heredado esos mismos rasgos. Así que su modelo de relación "feliz" se basa en límites mediocres y en la idea de sentirse con derecho a todo.

Tristemente, ambos fracasarán en satisfacer las necesidades del otro. De hecho, su patrón de culpar y aceptar la culpa perpetúa su creencia de sentirse con derecho a todo, así como su débil autoestima, mismos que, de inicio, los han alejado de su propósito de satisfacer sus necesidades emocionales. La víctima crea más y más problemas para resolver, no porque los problemas reales adicionales existan sino porque le consiguen la atención y el afecto que busca. El salvador resuelve problemas no porque de verdad le importen sino porque cree que debe solucionarlos para merecer la atención y el afecto de los demás. En ambos casos, las intenciones son egoístas y condicionadas y, por lo tanto, de autosabotaje; y el amor genuino rara vez se experimenta.

La víctima, si de verdad amara al salvador, diría: "Oye, éste es mi problema, no tienes que resolverlo por mí. Solo apóyame mientras yo lo soluciono". Eso *realmente* sería una demostración de amor: asumir la responsabilidad de tus propios problemas y no hacer sentir a tu pareja responsable de ellos.

Si el salvador en realidad quisiera rescatar a la víctima, diría: "Oye, estás culpando a los demás por tus propios problemas, hazte cargo tú de ellos". De una forma un tanto dura, sería *realmente* una demostración de amor: ayudarle a alguien a resolver sus propios problemas.

En vez de esto, las víctimas y sus salvadores se utilizan para encontrar bienestares efímeros. Es como una adicción que satisfacen el uno en el otro. Irónicamente, cuando se les presenta la oportunidad de salir con una persona sana en términos emocionales, con frecuencia se sienten aburridos o que les falta "química" con ella. Dejan pasar a esos individuos emocionalmente sanos y seguros de sí mismos porque una pareja que confía en sí misma, con límites firmes, no resulta tan "emocionante" para estimular el bienestar efímero que ellos necesitan.

Para las víctimas, la cosa más difícil en el mundo es hacerse responsables de sus problemas. Han pasado su vida creyendo que los demás son responsables de su destino. El primer paso para asumir esa responsabilidad con sí mismas es, por lo general, atemorizante para ellas.

Si tú haces un sacrificio por alguien que te importa, debe ser por qué deseas ayudarlo, no porque te sientes obligado o porque le temes a las consecuencias de no hacerlo. Si tu pareja hará un sacrificio por ti, debe ser porque genuinamente desea hacerlo, no porque hayas manipulado su decisión con chantajes, ira o culpa. Los actos de amor son válidos sólo si se realizan sin condiciones ni expectativas.

Reconocer la diferencia entre hacer algo por obligación o de manera voluntaria puede ser difícil de reconocer para la gente. Así que aquí tengo la prueba de fuego: pregúntate: "Si me negara, ¿cómo cambiaría esta relación?" De igual forma, plantéate: "Si mi pareja se rehusara a hacer algo que yo le pida, ¿cómo cambiaría nuestra relación?"

Si la pregunta es que el rehusarse causaría una explosión de drama y platos rotos, entonces es una mala señal para tu relación. Sugiere que ésta es condicional, que se basa en beneficios superficiales recibidos entre ambos, en lugar de una mutua aceptación incondicional (junto con los problemas de cada uno).

La gente con límites sólidos no le teme a un berrinche, a una discusión o a salir lastimada. Las personas con límites débiles se muestran atemorizada por la mismas cosas y constantemente moldearán su comportamiento para acomodar los altibajos de su montaña rusa emocional.

La gente con límites sólidos comprende que es irracional esperar que dos personas se acoplen al cien por ciento y satisfagan cada necesidad mutua. Estas personas comprenden que, de tiempo en tiempo, herirán los sentimientos de los otros, pero que no son ellos quienes determinan cómo se sienten las otras personas. La gente con límites sólidos comprende que una relación sana no implica controlar las emociones del otro, sino que cada uno apoye al otro en su crecimiento individual y para resolver sus propios problemas.

No se trata de que todo lo que le es importante a tu pareja te sea importante a ti; se trata de que tu pareja te sea importante, independientemente de lo que es importante para él o ella. Eso es el amor incondicional, nene.

Cómo construir confianza

Mi esposa es una de esas mujeres que pasa mucho tiempo frente al espejo. Le encanta verse increíble y amo que ella se vea increíble (obviamente).

En las noches que salimos, después de una hora de ponerse maquillaje, peinarse, vestirse y lo-que-sea-que-las-mujeres-hacen-en-esas-sesiones en el baño, sale y me pregunta cómo se ve. Ella posee una hermosura inusual. Sin embargo, de vez en cuando, se ve mal. A lo mejor intentó algún nuevo peinado o decidió ponerse un par de botas que algún extravagante diseñador de moda en Milán pensó que eran *avant garde*. Cualquiera que sea la razón, simplemente no funcionó.

Cuando se lo externo, por lo general se molesta. Conforme camina de nuevo al armario o al baño para rehacer todo y propiciar que lleguemos con media hora de retraso, escupe una serie de palabras altisonantes y, a veces, incluso lanza unas cuantas de ellas en mi dirección.

En esta situación, el estereotipo dicta que los hombres deben mentir para mantener contentas a sus novias o esposas. Yo no. ¿Por qué? Porque la honestidad en mi relación es más importante que el que yo me sienta bien todo el tiempo. Con la última persona con la que me debería autocensurar es con la mujer que amo.

Por fortuna estoy casado con una persona que está de acuerdo y está dispuesta a escuchar mis pensamientos sin censurarlos. Ella también me dice las cosas como son, por supuesto, y es uno de los rasgos más importantes de lo que ella me ofrece como compañera. Claro, a veces mi ego sale lastimado y me quejo y trato de discutir, pero horas más tarde regreso enfurruñado y admito que ella tenía razón. Y caray, ella me hace una mejor persona, incluso cuando odio escuchar esas cosas en el momento.

Cuando nuestra prioridad más alta es siempre sentirnos bien o siempre hacer sentir bien a nuestra pareja, entonces nada termina sintiéndose bien. Así, nuestras relaciones se desmoronan sin siquiera darnos cuenta.

Sin conflicto no puede existir confianza. El conflicto existe para demostrarnos quién está ahí para nosotros de manera incondicional y quién está ahí sólo por los beneficios. Nadie confía en alguien que le dice sí a todo. Si el Panda de la Decepción estuviera aquí, te diría que el dolor en nuestras relaciones es necesario para cimentar nuestra confianza en el otro/los demás y producir más intimidad.

Para que una relación sea sana, ambos integrantes deben estar dispuestos y ser capaces tanto de decir no como de escuchar un no. Sin esa negación, sin ese rechazo ocasional, los límites se rompen y los problemas y valores de una persona acaban por dominar a los del otro. El conflicto no sólo es normal, entonces, es *absolutamente necesario* para mantener una relación sana. Si dos personas cercanas no son capaces de ventilar sus diferencias abierta y explícitamente, entonces su relación gira en torno de la manipulación y la tergiversación, y lentamente se volverá tóxica.

La confianza es el ingrediente más importante de cualquier relación, por la simple razón de que, sin ella, en realidad *no significa nada*. Una persona podrá decirte que te ama, que quiere estar contigo, que dejaría todo por ti, pero si no confías en ella, no encuentras un beneficio en sus declaraciones. No te sientes amado hasta que confías que el amor que está te expresan llega sin ningunas condiciones especiales o de carga asociada a él.

Eso es lo que resulta tan destructivo sobre el engaño. No se trata del sexo. Se trata de la confianza que ha sido destruida como resultado de ese sexo. Sin la confianza, la relación ya no puede funcionar, así que se trata de reconstruir la confianza o decir adiós.

Con frecuencia recibo correos electrónicos de personas a quienes sus parejas sentimentales las han engañado pero que desean seguir con el vínculo y se preguntan cómo pueden confiar de nuevo en él o ella. Sin esa confianza, me dicen, la relación se ha empezado a sentir como una carga, como una amenaza que debe ser monitoreada y cuestionada, antes que ser disfrutada.

El problema aquí radica en que la mayoría de la gente a la que se le descubre su infidelidad se disculpa y ofrece el clásico rollo de "No volverá a suceder" y hasta ahí, como si sus miembros cayeran en orificios diferentes completamente por accidente. Y muchos de los que son engañados aceptan esa respuesta con los ojos cerrados, sin cuestionar los valores o lo que le importa un pito a su pareja (sí, lo dije con doble intención); no se cuestionan si esos valores y eso que les importa a sus parejas los hace personas con las que valga la pena quedarse. Se aferran tanto a su relación que no se dan cuenta de que ésta se ha convertido en un hoyo negro que consume su dignidad.

Si la gente es infiel es porque, para ella, hay algo más importante que su relación. Puede ser el poder sobre otros. Puede ser conseguir validación a través del sexo. Puede ser el rendirse ante sus propios impulsos. Por lo que sea, es claro que los valores del infiel no están alineados de modo que refuercen una relación sana. Y si el infiel no lo admite o no llega a un acuerdo consigo mismo/lo acepta, si sólo ofrece la consabida respuesta de "no sé lo que estaba pensando; estaba estresado, borracho y ella estaba ahí", entonces ese individuo carece de la autoconciencia necesaria para resolver cualquier relación de pareja.

Lo que debe suceder es que los infieles comiencen a pelar su cebolla de la autoconciencia y descubran los valores tan jodidos que causaron que rompieran la confianza de la relación (y si en verdad aún valoran la relación). Deben ser capaces de decir: "¿Sabes qué? Soy egoísta, me importo más yo mismo que esta relación; para ser honestos, realmente no la respeto mucho". Si los infieles no pueden expresar sus valores mediocres y demostrar que ya los cambiaron, entonces no hay razón para creer que pueden volver a ser confiables. Y si no pueden ser confiables, entonces la relación no mejorará ni cambiará.

El otro factor en la recuperación de la confianza después de que se ha roto es uno de corte práctico: un historial. Si alguien rompe tu confianza, las palabras son agradables, pero entonces necesitas ver un historial consistente de conducta mejorada. Solamente entonces puedes empezar a confiar en que los valores del infiel se han alineado con propiedad y que la persona de verdad cambiará.

Por desgracia, construir un historial de confianza requiere tiempo, ciertamente mucho más tiempo del que se necesita para romper la confianza. Y durante ese periodo de reconstrucción de la confianza, es probable que las cosas salgan mal. Así que ambas personas en la relación deben ser conscientes del esfuerzo que están eligiendo realizar.

Utilizo el ejemplo del engaño en una relación romántica pero este proceso aplica a cualquier clase de violación de la confianza en cualquier relación. Cuando la confianza se destruye, sólo es posible reconstruida si se dan los siguientes dos pasos: 1) si el destructor de la confianza admite los valores reales que causaron la acción y asume su falta, y 2) si el destructor de la confianza construye un historial sólido de mejoría en su comportamiento a largo plazo. Sin el primer paso, no debería haber un intento de reconciliación en primer lugar.

La confianza es como un plato de vajilla: si lo rompes una vez, con ciertos cuidados y atención lo puedes volver a armar; pero si lo rompes de nuevo, se fracciona en más piezas y ahora requiere más tiempo para armarlo otra vez. Si lo rompes más y más veces, eventualmente se hará añicos y será imposible restaurarlo; hay demasiadas piezas rotas y demasiado polvo.

La libertad a través del compromiso

La cultura del consumismo es muy buena para propiciar que deseemos más, más y más. Bajo ese bombo y mercadotecnia se halla implícito que más siempre es mejor. Yo mismo compré esa idea por años. Haz más dinero, visita más países, ten más experiencias, duerme con más mujeres...

Pero más no siempre es mejor. De hecho, lo cierto es lo contrario: somos más felices con menos. Cuando nos sobrecargan con oportunidades y opciones, sufrimos lo que los psicólogos llaman la paradoja de la elección. Básicamente, mientras más opciones nos den, menos satisfechos nos sentiremos con lo que escojamos, porque estamos conscientes de todas las otras alternativas de las que estamos totalmente privándonos.

Bajo esa perspectiva, si tienes la opción de dos lugares en los cuales ir a radicar y escoges uno, es probable que te sientas más confiado y cómodo con que la elección que hiciste es la correcta. Estarás satisfecho con tu decisión.

Pero si se te presentan 28 opciones similares y eliges una, la paradoja de la elección señala que es probable que pases años rompiéndote la cabeza, dudando y volviendo a preguntarte si en realidad hiciste la elección "correcta", si de verdad estás maximizando tu propia felicidad. Dicha ansiedad, ese deseo de certidumbre, perfección y éxito, te harán infeliz.

Así que, ¿qué hacemos? Bueno, si te pareces al que yo fui alguna vez, evitarás escoger del todo; buscarás mantener tus opciones abiertas lo más posible. Evitarás el compromiso.

Sin embargo, a pesar de que invertir emocional y profundamente en una persona, un lugar, un trabajo o una actividad podría negarnos la amplitud de experiencias que quisiéramos, el perseguir esa amplitud nos niega la oportunidad de experimentar las recompensas en cuanto a la profundidad de dicha experiencia. Hay algunas experiencias que *sólo* puedes tener cuando has vivido en el mismo lugar durante cinco años, cuando has estado con la misma persona por más de una década o cuando has venido trabajando en la misma habilidad o el mismo arte durante la mitad de tu existencia. Ahora que estoy en mis treinta, finalmente puedo reconocer que el compromiso, en sí mismo, ofrece una riqueza de oportunidad y experiencias que de otra forma nunca hubieran sido accesibles para mí, sin importar a dónde fuera o qué hiciera.

Cuando buscas un amplio panorama de experiencias, surgen elementos que demeritan cada nueva aventura, cada nueva persona o cosa. Cuando nunca has dejado tu país de origen, el primer país que visitas te inspira un cambio masivo de perspectiva, porque tienes una experiencia muy estrecha para contrastarlo. Pero cuando has estado en 20 naciones, la número 21 aporta ya muy poco. Y cuando has visitado 50, la 51 aporta aún menos.

Lo mismo aplica con las posesiones materiales, el dinero, los pasatiempos, los trabajos, los amigos y las parejas románticas/sexuales; todos esos valores sosos que la gente escoge para sí misma. Mientras más viejo te vuelves, mientras más experimentado, menos te afecta cada nueva experiencia. La centésima vez fue divertida. La quincuagésima fue como un fin de semana ordinario y la milésima resultó aburrida y sin importancia.

Personalmente, la gran historia sobre mis años pasados ha sido mi habilidad de abrirme al compromiso. He elegido rechazar todo salvo las mejores de las mejores personas, experiencias y valores en mi vida. Cerré todos mis proyectos de negocios y decidí enfocarme en ser escritor de tiempo completo. Desde entonces, mi sitio web se ha vuelto más popular de lo que jamás imaginé. Me he comprometido con una sola mujer para el largo plazo y, para mi sorpresa, lo he encontrado mucho más gratificante que cualquiera de las aventuras, citas y acostones de una noche que tuve en el pasado. Me he comprometido con una sola ubicación geográfica y he doblado el puñado de amistades significativas, genuinas y sanas.

Y lo que he descubierto es algo verdaderamente disruptivo: que en el compromiso hay una libertad y una liberación. Me han aumentado las oportunidades y he descubierto una ventaja en rechazar alternativas y distracciones en favor de lo que he elegido que en realidad me importe.

El compromiso te brinda libertad porque ya no estás distraído por lo que no tiene importancia y lo frívolo. El compromiso te da libertad porque perfecciona tu atención y tu perspectiva; las dirige hacia lo que te hace más sano y feliz de manera eficiente. El compromiso logra que tu toma de decisiones sea más fácil y elimina cualquier temor de estarte perdiendo de algo mejor; sabiendo que lo que ya tienes es suficientemente bueno, ¿para qué te desgastarías en perseguir más y más y más de nuevo? El compromiso te permite enfocarte con atención en un puñado de metas sumamente importantes y lograr un mayor grado de éxito de lo que conseguirías de otro modo.

De esta forma, el rechazo de las alternativas nos libera: el rechazo de lo que no se alinea con nuestros valores más importantes, con los parámetros elegidos, el rechazo a esa búsqueda constante de amplitud carente de profundidad.

Sí, es probable que la amplitud de experiencias sea necesaria y deseable cuando eres joven, después de todo, debes salir y descubrir por ti mismo aquello en lo que vale la pena involucrarte. Pero es en la profundidad donde se esconde el oro, y tienes que mantenerte comprometido con algo y profundizar en ello para poder encontrarlo. Esto aplica para las relaciones, la carrera, para construir un gran estilo de vida… para todo.

... Y después mueres

"**B**usca la verdad en ti mismo y ahí te encontraré."
Eso fue lo último que Josh me dijo. Lo expresó en tono irónico, tratando de sonar profundo mientras simultáneamente se burlaba de la gente que intenta escucharse del mismo modo. Estaba borracho y drogado. Y era un buen amigo.

El momento más transformador de mi vida ocurrió cuando tenía 19 años. Mi amigo Josh me había llevado a una fiesta a la orilla de un lago justo al norte de Dallas, Texas. En el lugar se hallaban condominios sobre una colina, al pie de ella estaba una alberca, y al término de ésta, un acantilado con vista al cuerpo de agua lacustre. Era un acantilado pequeño, quizá de unos 10 metros, lo suficientemente alto para pensar dos veces saltarlo, y lo suficientemente bajo para que, con la combinación perfecta de alcohol y presión por parte de tus amigos, desistieras en definitiva de la posibilidad de brincarlo.

Poco después de haber llegado a la fiesta, Josh y yo nos sentamos en la orilla de la alberca, bebimos cervezas y platicamos, tal como lo hacen los muchachos jóvenes y ansiosos. Hablábamos sobre el alcohol, las bandas musicales, las chicas y todas las cosas increíbles que había hecho Josh ese verano después de salirse de la escuela de música. Platicábamos sobre tocar juntos en una grupo y mudarnos a Nueva York, un sueño imposible en aquellas épocas.

Éramos apenas unos niños.

—¿Se puede brincar desde ahí? —le pregunté después de un rato, mirando hacia el acantilado sobre el lago.

—Claro —dijo Josh—; la gente lo hace todo el tiempo.

—¿Lo vas a intentar?

Se encogió de hombros.

—Quizá. Ya veremos.

Más tarde, Josh y yo nos separamos; yo me distraje con una linda chica asiática a quien le gustaban los videojuegos, lo que a mí, un *nerd* adolescente, me parecía como sacarse la lotería. Ella no mostraba gran interés en mí, pero se comportó amistosa y feliz de dejarme hablar, así que hablé. Después de unas cuantas cervezas, me armé de coraje para pedirle que me acompañara a la casa a comer algo. Ella dijo que sí.

Conforme subíamos la colina, nos encontramos a Josh, que iba de bajada. Le pregunté si quería comer algo, pero declinó. También le pregunté dónde podría encontrarlo después. Me sonrió y dijo:

—¡Busca la verdad en ti mismo y ahí te encontraré!

Yo asentí y puse una cara seria.

—Okey, te veré allí —repliqué, como si todos supieran exactamente dónde estaba la verdad y cómo conseguirla.

Josh se rio y reanudó su camino colina abajo, hacia el acantilado. Yo sonreí y continué subiendo por la colina hacia la casa.

No recuerdo cuánto tiempo estuve allí dentro, sólo que cuando la chica y yo salimos de nuevo, todo el mundo se había ido y se escuchaban sirenas de ambulancia. La alberca estaba vacía. La gente corría desde el pie de la colina hacia la orilla debajo del acantilado. Otros ya estaban en el agua. Alcancé a ver a varios nadando alrededor. Estaba oscuro y no se veía bien. La música seguía tocando, pero nadie la escuchaba ya.

Aún sin entender lo que sucedía, me apresuré a la orilla, comiendo mi sándwich, con la curiosidad de saber qué era lo que todo mundo miraba. A la mitad del camino, la chica bonita me dijo:

—Creo que ha ocurrido algo terrible.

Cuando llegué al final de la colina, le pregunté a alguien por Josh. Nadie me miró ni me prestó atención. Todos veían fijamente hacia el agua. Pregunté de nuevo y una niña empezó a llorar de manera incontrolable.

En ese momento que comprendí lo que pasaba.

Encontrar el cuerpo de Josh en el fondo del lago les llevó tres horas a los buzos. La autopsia revelaría después que sus piernas se habían acalambrado debido a la deshidratación por el alcohol, así como por el impacto del salto desde el acantilado. Estaba totalmente oscuro cuando brincó, así que era negro sobre negro. Nadie pudo ver de dónde provenían sus gritos de ayuda, sólo dónde salpicaba el agua, sólo los sonidos. Tiempo después, sus padres me dijeron que Josh era un pésimo nadador. Yo no tenía idea.

Me tomó 12 horas permitirme llorar. Estaba en mi coche, manejando de regreso de Austin, la mañana siguiente. Le llamé a mi papá y le dije que aún estaba cerca de Dallas y que no llegaría al trabajo. (Había estado trabajando con él durante ese verano.) Él preguntó:

—¿Por qué?, ¿qué sucedió? ¿Está todo bien?

Y ahí fue donde el río de lágrimas se desbordó. Los aullidos, los gritos y el moco. Me orillé a un lado de la carretera, apreté el teléfono contra mi pecho y lloré como lo hace un niño pequeño con su padre.

Ese verano caí en una profunda depresión. Alguna vez pensé estar deprimido, pero eso representaba un nuevo nivel de sinsentido y tristeza, tan profundo que me dolía físicamente. La gente iba y venía tratando de animarme y yo sólo me sentaba y los dejaba expresar y hacer todas las cosas políticamente correctas que creían que debían hacer; les daba las gracias y les agradecía la amabilidad de su visita; fingía una sonrisa y les mentía diciendo que estaba mejor, pero por dentro no sentía nada.

Soñé con Josh varias veces durante los meses siguientes. Sueños en los que él y yo teníamos largas conversaciones sobre la vida y la muerte, así como de cosas triviales y sin sentido. Hasta ese punto en mi vida había sido un joven bastante típico de clase media que consumía marihuana:

flojo, irresponsable, socialmente ansioso y profundamente inseguro. Josh, de muchas maneras, había sido alguien a quien yo admiraba. Él era mayor, más confiado, más experimentado y más abierto al mundo que lo rodeaba. En uno de mis últimos sueños con Josh, estaba sentado en un jacuzzi con él (sí, ya lo sé, suena raro) y dije algo como: "Realmente siento que hayas muerto". Él sólo rio. No recuerdo cuáles fueron sus palabras exactas, pero señaló algo como: "¿Por qué te importa que yo esté muerto si tú sigues temiendo tanto a la vida?" Me desperté llorando.

Estaba sentado en el sofá de mi mamá ese verano, mirando hacia el infinito, perdido en la interminable e incomprensible nada donde la amistad de Josh alguna vez había estado, cuando llegué a la conclusión de que si en verdad no hay razón para hacer nada, entonces tampoco no hay razón de *no* hacer nada; que al enfrentar la inevitabilidad de la muerte, no hay ninguna razón para sentir miedo o vergüenza, si de todas maneras es un montón de nada; y que pasar la mayoría de mi corta vida evitando lo que era doloroso o incómodo, también había estado evitando sentirme vivo.

Ese verano dejé la marihuana, los cigarros y los videojuegos. Dejé también mis fantasías de estrella de rock, me salí de la escuela de música y me enrolé en verdaderas asignaturas universitarias. Empecé a ir al gimnasio y perdí bastante peso. Hice nuevos amigos. Tuve mi primera novia. Por primera vez en mi vida realmente estudié para mis clases; descubrí con asombro que podía obtener buenas calificaciones si me comprometía con ello. El siguiente verano me propuse leer 50 libros serios en igual número de días y lo logré. Doce meses después me inscribí en una excelente universidad al otro lado del país donde por primera vez obtuve la excelencia, tanto académica como socialmente.

La muerte de Josh marcó el punto más claro de antes/ después que puedo identificar en mi vida. Antes de la tragedia, era inhibido, no tenía ambiciones y vivía eternamente obsesionado y confinado por lo que yo creía que el mundo pensaba de mí. Después del trágico acontecimiento me convertí en una persona nueva: responsable, curioso, trabajador. Aún tenía mis inseguridades y mi pasado —como lo tenemos todos—, pero ahora me importaba algo más significativo que mis inseguridades y mi pasado. Eso hizo toda la diferencia. Extrañamente, la muerte de alguien me dio permiso de vivir por fin. Y quizás el peor momento de mi vida fue el más transformador.

La muerte nos da miedo. Y porque nos da miedo, evitamos pensar en ella, hablar de ella y a veces reconocerla, incluso cuando le sucede a alguien cercano a nosotros.

Sin embargo, en una forma bizarra y enrevesada, la muerte es la luz bajo la que se evalúa la sombra de todo el significado de la vida. Sin la muerte, todo se sentiría intrascendente, toda experiencia se percibiría arbitraria, todos los parámetros y valores no tendrían ningún significado.

Algo más allá de nosotros

Ernest Becker era un académico marginado. En 1960 obtuvo su doctorado en antropología; en su tesis doctoral comparaba las prácticas poco convencionales y extrañas del budismo zen con el psicoanálisis. En ese momento, el zen era visto como algo sólo para *hippies* y drogadictos mientras el psicoanálisis freudiano se consideraba una forma de psicología charlatana de la edad de piedra.

En su primer trabajo como profesor interino, Becker compartió con su público que la práctica de la psiquiatría le parecía una forma de fascismo. Veía dicha práctica como una especie de opresión poco científica contra los débiles y los indefensos.

El problema era que el jefe de Becker era un psiquiatra. Así que fue un poco como presentarte en tu primer trabajo y con orgullo comparar a tu superior con Hitler.

Como puedes imaginarte, lo corrieron.

Así que Becker trasladó sus ideas radicales a un lugar donde pudieran ser aceptadas: Berkeley, California. Ahí tampoco duró mucho.

Y es que no sólo sus tendencias en contra del sistema lo ponían en problemas, también su método de enseñanza. Usaba a Shakespeare para enseñar psicología, usaba los libros de psicología para enseñar antropología y usaba la información antropológica para enseñar sociología. Se vestía como el rey Lear, llevaba a cabo falsas luchas de espadachines en clase y podía despotricar contra la política por horas, sin que esto tuviera algo que ver con la lección del día. Sus estudiantes lo adoraban. Sus colegas profesores lo detestaban. Antes de un año, lo volvieron a despedir.

Entonces, Becker aterrizó en la Universidad Estatal de San Francisco, donde logró mantener su trabajo por más de un año. Pero cuando las protestas estudiantiles explotaron en contra de la Guerra de Vietnam, la universidad llamó a la Guardia Nacional y las cosas se pusieron violentas. Cuando Becker apoyó a los estudiantes y condenó públicamente las acciones del decano (una vez más, acusándolo de ser hitleriano y demás), de nuevo lo corrieron sin demora.

Becker cambió de empleo cuatro veces en seis años. Y antes de que lo pudieran correr del quinto, se enfermó de cáncer de colon. El pronóstico era sombrío. Pasó los siguientes años en cama y con poca esperanza de sobrevivir. De modo que decidió escribir un libro, el cual se centraría en la muerte.

Becker murió en 1974. Su libro, *La negación de la muerte*, ganaría el Premio Pulitzer y se convertiría en una de las obras intelectuales más influyentes del siglo xx al convulsionar los campos de la psicología y la antropología con profundas afirmaciones filosóficas que aún siguen influyendo hoy en día.

La negación de la muerte aborda dos puntos esenciales:

1. Los humanos son únicos en cuanto a que son los únicos animales que pueden conceptualizarse y pensar abstractamente sobre sí mismos. Los perros no se sientan a pensar acerca de su carrera. Los gatos no piensan en sus errores pasados o se preguntan qué hubiera sucedido si hubieran actuado diferente. Los monos no discuten sobre sus posibilidades futuras, del mismo modo que los peces no van por ahí preguntándose si les parecerían más atractivos a otros peces si tuvieran una aleta más larga.

Como humanos, estamos bendecidos con la habilidad de imaginarnos en situaciones hipotéticas, podemos contemplar el pasado y el presente e imaginar otras realidades o situaciones donde las cosas podrían ser diferentes. Justo por esta habilidad mental única —dice Becker— todos, en algún momento, nos volvemos conscientes de la inevitabilidad de nuestra propia muerte. Al ser capaces de conceptualizar versiones alternativas de la realidad, somos también los únicos animales que se imaginan una realidad sin nosotros.

Esta toma de consciencia causa lo que Becker llama "el terror de la muerte", una ansiedad existencial profunda que subyace en todo lo que pensamos o hacemos.

2. El segundo punto de Becker tiene que ver con la premisa de que, en esencia, poseemos dos *yo*. El primero es el *yo* físico, aquel que come, duerme, ronca y defeca. El segundo es el *yo* conceptual, nuestra identidad o cómo nos percibimos.

El argumento de Becker es el siguiente: todos somos conscientes, en cierto nivel, que nuestro *yo* físico eventualmente morirá, que esa muerte es inevitable y esa inevitabilidad —en cierto nivel inconsciente—nos aterroriza. Por ello, y para compensar nuestro miedo de la pérdida inevitable de nuestro *yo* físico, tratamos de construir un *yo* conceptual que viva eternamente. Ésta es la razón por la cual la gente se esfuerza tanto por poner sus nombres en los edificios, en estatuas, en los lomos de libros. Por eso nos sentimos impelidos a pasar tanto tiempo entregándonos a los demás, especialmente a los niños, con la esperanza de que nuestra influencia —que nuestro *yo* conceptual— vivirá más allá de nuestro *yo* físico; que seremos recordados, venerados e idealizados mucho después de que nuestro *yo* físico haya dejado de existir.

Becker denominó a estos esfuerzos "proyectos de inmortalidad", los cuales permiten a nuestro *yo* conceptual vivir más allá del momento de nuestra muerte física. La civilización humana —dice— es básicamente el resultado de proyectos de inmortalidad: las ciudades, los gobiernos, las estructuras y las autoridades actuales fueron los proyectos de inmortalidad de hombres y mujeres que vivieron antes que nosotros. Son los remanentes de los yo conceptuales que no murieron. Nombres como Jesús, Mahoma, Napoleón y Shakespeare son tan poderosos hoy como cuando estuvieron vivos, si no es que más. Y ésa es la meta. Ya sea a través de dominar una forma de arte, conquistar una nueva tierra, acumular increíbles riquezas o simplemente tener una familia grande y cariñosa que seguirá por generaciones, todo el significado en nuestras vidas está moldeado por este deseo innato de nunca morir realmente.

La religión, la política, los deportes, el arte y la innovación tecnológica son el resultado de los proyectos de inmortalidad de la gente. Becker discutía que las guerras, las revoluciones y los asesinatos masivos ocurren cuando los proyectos de inmortalidad de un grupo se friccionan contra los de otro grupo. Siglos de opresión y el derramamiento de sangre de millones se han justificado como la defensa de un proyecto de inmortalidad de un grupo contra el de otro.

Pero cuando nuestros proyectos de inmortalidad fallan, se pierde el significado; cuando la pretensión de que nuestro yo conceptual viva más allá de nuestro yo físico no se percibe como posible o probable, el terror a morir —esa horrible y deprimente ansiedad— vuelve a infestar nuestra mente. Un trauma puede causar esto, tanto como la vergüenza y el ridículo social. También puede ser causada, como sostiene Becker, por la enfermedad mental.

Si no te has dado cuenta ya, nuestros proyectos de inmortalidad son nuestros valores. Son los barómetros de significado y valor en nuestra vida. Cuando nuestros valores fallan, también lo hacemos nosotros, psicológicamente hablando. Lo que Becker dice, en esencia, es que el miedo nos mueve a todos cuando le damos demasiada importancia a algo, porque otorgarle importancia a algo es lo único que nos distrae de nuestra realidad y de la inevitabilidad de nuestra propia muerte. El hecho de que te importe un carajo todo es alcanzar un estado casi espiritual de aceptación de la impermanencia de la propia existencia. En este estado, uno es mucho menos proclive a quedarse atrapado en las diferentes formas de sentirse con derecho a todo.

Más tarde, Becker llegó a una sorprendente conclusión en su lecho de muerte: que los proyectos de inmortalidad de la gente eran el problema, no la solución; que más que intentar implementar, a menudo a través de la fuerza letal, su *yo* conceptual alrededor del mundo, la gente debería cuestionar ese yo conceptual y sentirse más cómoda con la realidad de su propia muerte. Becker llamó a eso el "antídoto amargo" y luchó por aceptarlo él mismo conforme enfrentaba cara a cara su propio final. Aunque sea mala, la muerte es inevitable. Entonces, no deberíamos evitar esta comprensión sino intentar aceptarla lo mejor que podamos. Sólo cuando nos sentimos cómodos con el hecho de nuestra propia muerte —con ese terror, con esa angustia subyacente que motiva todas las ambiciones frívolas de la vida—,entonces podremos elegir nuestros valores con más librertad, sin las ataduras de esta búsqueda ilógica de inmortalidad; sólo entonces podremos liberarnos de perspectivas dogmáticas peligrosas.

La cara amable de la muerte

Voy pisando de una a otra roca, escalando a buen ritmo; los músculos de mis piernas se estiran y me causan dolor. En ese estado de trance que se produce con el esfuerzo físico repetido, me voy acercando a la cima. El cielo se vuelve amplio y profundo. Estoy solo. Mis amigos se hallan bastante más abajo, tomando fotografías del océano.

Finalmente, trepo sobre una roca pequeña y la vista se abre por completo. Desde aquí puedo observar el horizonte infinito. Se siente como si estuviera mirando la orilla de la Tierra, donde el agua se funde con el cielo, azul sobre azul. El viento zumba sobre mi piel. Miro hacia arriba, es brillante. Es hermoso.

Estoy en el Cabo de Buena Esperanza, en África del Sur, considerado alguna vez como la punta sur de África y el punto más meridional del mundo. Es un lugar agitado, lleno de tormentas y aguas traicioneras. Un lugar que ha visto pasar siglos de comercio y de esfuerzo humano. Irónicamente, un lugar de esperanzas perdidas.

Hay un dicho en portugués: *Ele dobra o Cabo da Boa Esperança*. "Él está rondando el Cabo de Buena Esperanza". Irónicamente significa que una persona se halla en su etapa final, incapaz de realizar nada más.

Esquivo las rocas hacia el azul; permito que su vastedad inunde mi campo visual. Estoy sudando frío. Emocionado pero nervioso. *¿Es esto todo?*

El viento golpea mis oídos. No escucho nada, pero puedo ver el borde, donde la roca se funde con el olvido. Me detengo y permanezco de pie por un momento, a varios metros de distancia. Abajo puedo ver el océano, que resbala y produce espuma contra los acantilados que se extienden por kilómetros a cada lado. La marea pega con furia contra las paredes impenetrables. Más al fondo, hay una escarpada caída de al menos 50 metros.

A mi derecha, los turistas se alinean por todo el paisaje inferior; toman fotos y desde aquí parecen una larga fila de hormigas. A mi izquierda se ubica Asia. Frente a mí se encuentra el cielo y detrás mío está todo lo que alguna vez soñé y que traigo conmigo.

¿Qué tal que esto es todo? ¿Qué tal que esto es todo lo que hay?

Miro a mi alrededor. Estoy solo. Doy el primer paso hacia la orilla del acantilado.

El cuerpo humano parece venir equipado con un radar natural contra situaciones que pueden conducirte a la muerte. Por ejemplo, cuando te acercas a tres metros de distancia en el acantilado, que no tiene una barandilla protectora, te invade una cierta tensión en el cuerpo. Se te endurece la espalda, la piel se te eriza. Tus ojos se hiperenfocan en cada detalle que te rodea. Sientes los pies hechos de concreto. Como si un imán invisible y gigante atrajera con suavidad tu corpulencia para ponerla a salvo.

Pero lucho contra el imán. Arrastro mi pie hecho piedra más cerca de la orilla.

A metro y medio, tu mente se une a la fiesta. Ahora puedes ver no sólo la orilla del acantilado sino también hacia *abajo* de él, lo que induce una serie de visiones indeseadas de caer y seguir cayendo hasta llegar a una muerte acuática. Como si tu mente estuviera diciéndote: "Estás *peligrosamente* cerca. *Amigo, ¿qué estás haciendo? Deja de moverte. Detente*".

Le ordeno a mi mente que se calle y continúo acercándome con lentitud.

A un metro, tu cuerpo se pone en alerta roja máxima. Ahora estás a un trastabilleo de acabar con tu vida. Sientes que una ráfaga fuerte de viento podría lanzarte hacia la eternidad azul que forman el cielo y el agua. Te tiemblan las piernas, igual que las manos. Igual que tu voz, en caso de que necesites recordarte que no estás a punto de caer en picada hacia tu muerte.

Ese metro de distancia es el límite absoluto para la mayoría de la gente. Estás suficientemente cerca como para inclinarte hacia adelante y ver el fondo, pero aún estás suficientemente lejos como para sentir que no te expones a un riesgo real de matarte. Pararse tan cerca del borde de un acantilado, incluso de uno tan hermoso e hipnotizante como el Cabo de Buena Esperanza, induce una embriagante sensación de vértigo, y amenaza con hacerte regurgitar tu comida más reciente.

¿Es esto todo? ¿Es esto todo lo que hay? ¿Sabré ya, realmente, todo lo que habré de saber?

Doy otro micro paso y luego otro. Estoy a 60 centímetros. La pierna que tengo delante empieza a vibrar conforme recargo el peso de mi cuerpo en ella. Sigo adelante. Contra el imán. Contra mi mente. Contra todos mis mejores instintos de supervivencia.

Treinta centímetros. Estoy mirando directo hacia abajo del acantilado. Me entran unas ganas súbitas de llorar. Mi cuerpo, de manera instintiva, se echa para atrás, se protege contra algo imaginado e inexplicable. El viento llega en ráfagas. Los pensamientos surgen como ganchos al hígado.

A 30 centímetros de distancia sientes como si estuvieras flotando. Salvo cuando miras hacia abajo, lo demás se percibe como si formaras parte del cielo mismo. En ese momento casi esperas caerte, de hecho.

Me agacho un momento, recupero el aliento y ordeno mis pensamientos. Me obligo a mirar al agua que pega contra las rocas por debajo de mí. Entonces, vuelvo a mirar a mi derecha, hacia las "pequeñas hormigas" que transitan allá abajo, que toman fotos, que abordan el autobús; pienso en la poco probable casualidad de que alguien me esté viendo a mí. El deseo de atención es tremendamente irracional. Lo mismo que todo esto. Es imposible que alguien logre verme hasta acá arriba, obviamente. Y aunque no lo fuera, no hay nada que esas personas a lo lejos pudieran decir o hacer.

Lo único que escucho es el viento.

¿Es esto todo?

Mi cuerpo se estremece, el temor se torna eufórico y enceguecedor. Concentro mi mente y trato de no pensar; intento meditar. Nada logra hacerte más consciente de tu presente ni te da tal claridad mental como estar a unos cuantos centímetros de tu propia muerte. Me enderezo y vuelvo a mirar a la lejanía, me doy cuenta de que estoy sonriendo. Me recuerdo que está bien morir.

Ese enfrentamiento voluntario, e incluso exuberante, con la propia mortalidad tiene raíces antiguas. Los estoicos de la antigua Grecia y Roma recomendaban a las personas que tuvieran presente a la muerte en todo momento, de modo que apreciaran más la vida y se mantuvieran humildes frente a las adversidades. En varias formas del budismo, la práctica de la meditación a menudo se enseña como un medio para prepararse para la muerte, mientras te mantienes vivo. Disolver el ego en esa nada expansiva — alcanzar el estado iluminado del nirvana— constituye un ensayo para soltarse uno mismo y cruzar al otro lado. Incluso Mark Twain, aquel tipo bobalicón y peludo que vino y se fue en el cometa Halley, dijo: "El temor a la muerte deriva del temor a la vida. Un hombre que vive plenamente está preparado para morir en cualquier momento".

De vuelta al acantilado, me agacho y echo la espalda hacia atrás. Pongo las manos por detrás en el suelo y lentamente me voy sentando. Deslizo una pierna de manera gradual sobre el borde del acantilado. Hay una pequeña roca que sobresale, descanso ahí mi pie. Luego deslizo mi otro pie hacia el borde y lo detengo en la misma roca. Permanezco sentado ahí un rato, recargado sobre las palmas, dejando que el viento despeine mi cabello. La ansiedad ahora es soportable, siempre y cuando me mantenga enfocado en el horizonte.

Después me siento derecho y de nuevo miro hacia abajo del acantilado. El miedo vuelve a recorrerme la columna, electrifica mis extremidades y me proporciona con precisión de láser las coordenadas exactas de cada centímetro de mi cuerpo. En algunos momentos el miedo se torna sofocante, pero cada que sucede, aclaro mis pensamientos, enfoco mi atención en el fondo del acantilado debajo de mí, me obligo a considerar mi destino potencial y luego simplemente percibo su existencia.

Estaba ahora sentado en la orilla del mundo, en el punto meridional de la esperanza, en la puerta al Este. La sensación resulta impresionante. Puedo sentir la adrenalina que bombea a través de mi organismo. Permanecer tan quieto y tan consciente nunca se sintió tan emocionante. Escucho el viento, veo el océano y miro hacia los confines de la Tierra, luego sonrío con la luz, todo lo que toca es bueno.

Es importante enfrentar la realidad de nuestra propia mortalidad porque elimina por completo todos los valores frágiles, superficiales y mediocres de la vida. Mientras a muchas personas se les va la vida intentando ganar un dólar más o un poco más de fama y atención o un poco más de certeza sobre si estarán en lo correcto o si las aman, la muerte nos enfrenta a todos con una pregunta mucho más dolorosa y trascendente: "¿Cuál es tu legado?"

¿Cómo será diferente y mejor el mundo cuando nos hayamos ido? ¿Qué huella habrás dejado? ¿Qué influencia habrás causado? Dicen que una mariposa que bate sus alas en África puede causar un huracán en Florida; luego entonces, ¿qué huracanes dejarás en tu velorio?

Como Becker lo señalaba, ésta es sin duda la *única* pregunta de verdad importante en tu vida. Y, aun así, evitamos pensar en ella. Primero, porque es difícil. Segundo, porque genera miedo. Tercero, porque no tenemos un carajo de idea de lo que estamos haciendo.

Cuando evitamos esta pregunta, dejamos que los valores triviales y odiosos tomen como rehenes a nuestros cerebros y que asuman el control de nuestros deseos y nuestras ambiciones. Si no reconocemos la siempre presente mirada de la muerte sobre nosotros, lo superficial parecerá importante y lo importante parecerá superficial. La muerte es lo único que podemos saber con certeza, y como tal, debe ser el compás a través del cual orientemos nuestros otros valores y decisiones. Es la respuesta correcta a todas las preguntas que deberíamos formular, pero que nunca nos atrevemos. La única forma de sentirse cómodo con la muerte es entenderla y verla como algo más grande que tú; elegir valores que vayan más allá de servirte a ti, valores simples, inmediatos, controlables y tolerantes al caótico mundo que te rodea. Ésta es la raíz de la felicidad. Ya sea que escuches a Aristóteles o a los psicólogos de

Harvard, o a Jesucristo o a los malditos Beatles, todos sostienen que la felicidad proviene de una sola fuente: que te importe algo más grande que tú mismo, creer que eres un componente que contribuye a una entidad mucho más superior, que tu vida es tan sólo el proceso secundario de una producción ininteligible mucho mayor. Este sentimiento es lo que lleva a la gente a las iglesias, es por lo que se pelea en las guerras, por el que se crean familias y se ahorran pensiones, por el que se construyen puentes y se inventan celulares; por este fugaz sentido de formar parte de algo mayor y más desconocido que ellos mismos.

Sentirse con derecho a todo nos arrebata eso. La gravedad de sentirse con derecho a todo succiona toda la atención hacia el interior, hacia nosotros mismos; causa que pensemos que *nosotros* estamos en el centro de todos los problemas del universo, que *nosotros* somos los únicos sufriendo todas las injusticias, que *nosotros* somos quienes merecemos la grandeza sobre todos los demás.

Tan seductor como es, el sentirse con derecho a todo nos aísla. Nuestra curiosidad y emoción por el mundo se vuelca sobre uno mismo y refleja nuestros propios sesgos y proyecciones sobre cada persona que conocemos y cada evento que experimentamos. Esto se siente sensual y tentador; y puede sentirse bien por un rato y vender muchos boletos, pero es veneno espiritual.

Son estas dinámicas las que ahora nos afligen. Estamos muy bien acomodados en términos materiales y, sin embargo, muy atormentados psicológicamente por problemas menores y superficiales. La gente renuncia a toda responsabilidad; demanda que la sociedad se acomode a sus sentimientos y sensibilidades. La gente se aferra a certidumbres arbitrarias y trata de forzarlas sobre los demás, a menudo de manera violenta, en el nombre de alguna causa inventada. Las personas se llenan de aires de superioridad moral y caen en la inacción y en el letargo por miedo a intentar algo que importe la pena y fracasar.

Complacerle todo a las mentes modernas ha dado por resultado una población que se siente merecedora de algo sin habérselo ganado, una población que siente que tiene el derecho a algo sin sacrificarse por ello. Las personas se declaran expertas, *entrepreneurs*, inventoras, innovadoras, inconformistas y entrenadoras sin ninguna experiencia en la vida real. Y lo hacen no porque crean de verdad que son mejores que cualquier otra, lo hacen porque sienten que *necesitan ser mejores* para ser aceptadas en un mundo que solamente difunde lo extraordinario.

La cultura de hoy confunde gran atención con gran éxito; asume que ambos conceptos son lo mismo. Pero no lo son.

Tú eres grandioso. Ya lo eres. Aunque te des cuenta o no. Aunque los demás se den cuenta o no. Y no es porque lanzaste una aplicación para iPhone o terminaste un año antes la universidad o te compraste un yate increíble. Estas cosas no definen la grandeza.

Tú ya *eres* grandioso porque, ante una confusión interminable y la muerte inminente, continúas eligiendo a qué darle importancia y qué debe valerte un carajo. Este simple hecho, esta simple elección de tus propios valores en la vida, ya te convierte en alguien hermoso, ya te convierte en alguien exitoso y ya te hace un ser amado. Incluso si tú no te das cuenta. Incluso si estás durmiendo en una alcantarilla y te mueres de hambre.

Tú también vas a morir y será porque, también, fuiste lo suficientemente afortunado como para haber vivido. Puede que no lo sientas, pero ve y párate en un acantilado alguna vez y quizá lo percibas.

Bukowski alguna vez escribió: "Todos vamos a morir, todos nosotros. ¡Qué circo! Debería bastar con eso para amarnos los unos a los otros, pero no es así. Nos aterrorizan y aplastan las trivialidades de la vida; nos devora la nada".

Al evocar en retrospectiva aquella noche en el lago, cuando vi cómo los paramédicos sacaban del lago el cuerpo de mi amigo Josh, recuerdo haber fijado la vista en la negra noche tejana y mirar mi ego disolverse en ella. La muerte de Josh me enseñó mucho más de lo que inicialmente creí. Sí, me ayudó a aprovechar el día, a asumir la responsabilidad por mis elecciones y a perseguir mis sueños con menos vergüenza e inhibición.

Pero esos fueron los efectos secundarios de una lección mucho más profunda, más primaria. Y la lección primaria es ésta: no hay nada qué temer. Nunca. Y recordarme repetidamente mi mortalidad, a través de los años —ya sea a través de la meditación, de leer filosofía o de hacer cosas locas como pararte en el punto más alto de un acantilado en Sudáfrica—, es lo único que me ha ayudado a mantener esta consciencia en el punto focal de mi mente. Esta aceptación de mi muerte, esta comprensión de mi propia fragilidad ha hecho todo más fácil —desarraigar mis adiciones, identificar y enfrentar el sentirme con derecho a todo, asumir la responsabilidad de mis propios problemas; sufrir por mis miedos e incertidumbres, aceptar mis fracasos y los rechazos—, todo ha sido más ligero gracias a la conciencia de mi propia muerte. Mientras más me asomo a la oscuridad, más brillante se vuelve la vida, más quieto se vuelve el mundo y menos siento esa resistencia inconsciente a... bueno... a todo.

Permanezco sentado aquí en el Cabo durante unos minutos, me lleno de todo a mi alrededor. Cuando finalmente decido pararme, pongo las manos detrás de mí y me impulso. Lentamente, me incorporo. Reviso el terreno bajo mis pies, me aseguro de que no haya una piedra errante lista para sabotearme. Habiendo confirmado que estoy a salvo, comienzo a caminar de regreso a la realidad —un metro, tres metros—, mi cuerpo se va restaurando a cada paso. Mis pies se sienten más ligeros. Dejo que el imán de la vida me atraiga hacia él.

Conforme voy sorteando unas piedras de regreso al camino principal, levanto la mirada y me encuentro con un hombre que me observa. Me detengo y hago contacto visual con él.

—¡Ehh!, te vi sentado en la orilla, allá arriba —dice.

Su acento es australiano. La palabra *allá* emana de su boca con torpeza. Apunta hacia la Antártida.

—Sí, la vista es fenomenal, ¿a poco no?

Estoy sonriendo, él no. Me mira muy serio.

Me tallo las manos contra los *shorts*, mi cuerpo aún vibra por la experiencia vivida. Hay un silencio incómodo.

El australiano se queda sin decir nada, perplejo, aun mirándome, claramente buscando qué decir a continuación. Después de un momento, ordena de manera cuidadosa las palabras.

—¿Estás bien? ¿Cómo te sientes?

Me tomo mi tiempo para contestar, aun sonriendo.

—Vivo. Muy vivo.

Su escepticismo se rompe y una sonrisa toma su lugar. Asiente ligeramente y sigue por el camino. Yo me quedo donde estoy, un poco más arriba, absorbiendo la vista, esperando a que mis amigos lleguen a la cima.

AGRADECIMIENTOS

Este libro empezó como una cosa grande, desordenada, y requirió más que mis propias manos para cincelar algo comprensible.

Ante todo, gracias a mi brillante y hermosa esposa Fernanda, quien nunca duda en decirme no cuando más necesito escucharlo. No solamente me haces una mejor persona, sino que tu amor incondicional y tu retroalimentación constante durante el proceso de escritura fueron indispensables.

A mis padres, por soportarme durante todos esos años y continuar amándome a pesar de todo. En muchas formas, no sentí que me haya convertido en adulto sino hasta que comprendí muchos de los conceptos en este libro. Bajo esa luz, ha sido un placer conocerlos ya como adulto en estos últimos años. A mi hermano también: nunca dudo de la existencia del amor mutuo y el respeto que existen entre nosotros, incluso si algunas veces me molesta que no respondas mis mensajes de texto.

A Philip Kemper y Drew Birnie, dos grandes cerebros que conspiran para que el mío parezca mucho más grande de lo que de verdad es. Su arduo trabajo y su inteligencia continúan dejándome azorado.

A Michael Covell, por ser mi examen de estrés intelectual, especialmente cuando se trata de entender las investigaciones psicológicas, y por siempre retarme en mis hipótesis.

A mi editor Luke Dempsey, por apretar sin piedad los tornillos de mi escritura y por tener, posiblemente, una boca más obscena que la mía. A mi agente Mollie Glick, por ayudarme a definir la visión del libro y empujarlo aún más lejos en el mundo de lo que jamás esperé verlo llegar. A Taylor Pearson, Dan Andrews y Jodi Ettenburg, por su apoyo durante este proceso, ustedes tres me hicieron mantenerme responsable y con salud mental, que son las únicas dos cosas que todo escritor necesita.

Y, finalmente, a los millones de personas que, por cualquier razón, decidieron leer a este cabrón malhablado de Boston que escribe sobre su vida en un blog. La cantidad de correos electrónicos que he recibido de aquellos de ustedes que están dispuestos a abrirme, a mí, un completo extraño, las más íntimas esquinas de su vida, me mantienen humilde y me inspiran. Hasta este momento de mi vida, he dedicado miles de horas a leer y estudiar estos conceptos, pero son ustedes quienes continúan siendo mi verdadera educación. Gracias.